NOUVELLES

Histoires drôles

100

Texte original
Jeanne Olivier

Adaptation thématique
Paul Lacasse

Illustration de la couverture
Philippe Germain

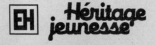

Nouvelles Histoires drôles nº 100
Illustration de la couverture : Philippe Germain
© Les éditions Héritage inc. 2009
Tous droits réservés

Dépôts légaux : 3e trimestre 2009
Bibliothèque nationale du Québec
Bibliothèque nationale du Canada

ISBN : 978-2-7625-8978-8
Imprimé au Canada

Les éditions Héritage inc.
300, rue Arran
Saint-Lambert (Québec) J4R 1K5
Téléphone : (514) 875-0327
Télécopieur : (450) 672-5448
Courriel : information@editionsheritage.com

À tous ceux et celles
qui aiment collectionner,
écouter et raconter
des blagues.

BLAGUES
À LA MAISON

— Mon garçon, dit un matin le papa de François, si tu réussis ton examen aujourd'hui, je t'achète un vélo de trois cents dollars.

— Hé! papa, dit François en revenant de l'école, je viens de te faire économiser trois cents dollars...

•

— Aujourd'hui, c'est moi qui ai donné la meilleure réponse dans ma classe, dit Véronique. J'ai dit que les hirondelles avaient trois pattes.

— Mais elles n'en ont que deux! réplique sa mère.

— Oui, mais les autres ont dit quatre...

•

Le professeur demande à Olivier:
— Pourquoi ce devoir est-il écrit de la main de ton père?

— Parce qu'il m'a prêté son crayon.

•

— Dis donc, Raphaël, qu'est-ce que ta mère fait quand elle a mal à la tête?

— Elle m'envoie jouer dehors!

•

Le docteur demande à son patient:

— Alors, monsieur, avez-vous suivi mon conseil pour vos problèmes de respiration?

— Oui, docteur, j'ai dormi toute la semaine la fenêtre ouverte, et maintenant, ça va très bien! Il y a juste un problème, ma femme s'est fait voler tous ses bijoux et moi, ma montre!

•

— Maman, toi qui penses que je ne sais jamais quoi répondre aux questions de ma maîtresse, tu vas être très fière de moi. Aujourd'hui, elle a demandé qui avait lancé une bombe puante dans la classe, et j'ai été la seule à répondre!

•

François a cinq ans. Il revient de la maternelle en montrant fièrement à sa mère sa première image autocollante.

— C'est bien, François! Et qu'est-ce que tu as fait pour mériter cet autocollant?

— Ben, je l'ai trouvé par terre.

•

— Audrey, ton bulletin ne me plaît pas du tout, dit la maman.

— Oh, moi non plus. Au moins, ça prouve qu'on a les mêmes goûts...

•

Jojo a l'air songeur. Sa maman lui demande :

— Qu'y a-t-il, mon Jojo, tu as l'air préoccupé?

— Je crois que mon institutrice ne sait pas grand-chose. Elle passe ses journées à nous poser des questions.

•

Un parent à un autre :

— On dit que les enfants illuminent notre vie.

— C'est bien vrai, ils ne ferment jamais les lumières !

●

Un touriste s'est perdu dans la forêt. Il aperçoit une toute petite maison. Il frappe et demande :

— Il y a quelqu'un ?

— Oui, répond une petite fille.

— Est-ce que ta maman est là ?

— Non, elle est sortie quand mon père est entré.

— Et ton père, il est là ?

— Il est sorti quand je suis entrée.

— Mais vous n'êtes donc jamais ensemble à la maison dans votre famille ?

— À la maison, oui. Ici, ce sont les toilettes.

●

Véronique rentre à la maison complètement trempée et toute sale.

— Que s'est-il passé ? demande sa mère.

— Je suis tombée dans la boue.

— Pas avec ta belle robe neuve ?

— Ben... je n'ai pas eu le temps d'en mettre une autre !

•

— Mathieu, lui dit sa maman, pourquoi as-tu traité ton ami Michel d'imbécile ? Dis-lui tout de suite que tu regrettes !

— D'accord. Michel, je regrette que tu sois imbécile !

•

Un voleur est en train de cambrioler une maison. Soudain, comme il s'apprête à partir, il entend une voix qui lui dit :

— Est-ce que vous ne pourriez pas aussi voler mon bulletin ?

•

François commence sa première année. Sa maman lui demande :

— Si tu as deux bananes et que je t'en donne trois, combien en auras-tu ?

— Je ne sais pas.

— Comment, tu ne sais pas ? Tu n'apprends pas à compter à l'école ?

— Oui, mais avec des pommes...

•

— François, tu pourrais faire comme ton copain Frédéric : il embrasse sa maman avant de partir pour l'école.

— Mais c'est que je ne la connais pas, moi, sa mère, et ça me gênerait beaucoup de l'embrasser.

•

Manuel voulait à tout prix avoir une bicyclette. Son père lui dit un jour :

— Tu auras une bicyclette quand tu sauras écrire ce mot.

— Alors, je préfère avoir un vélo !

•

Deux dames se rencontrent :
— Alors, comment va votre bébé ?
— Oh, très bien ! Il marche depuis trois mois.
— Trois mois ! Il doit être rendu très loin.

•

Un petit garçon demande à sa mère :
— Maman, qui m'a donné mon intelligence ? Est-ce que c'est toi ou papa ?
— C'est ton père, voyons ! Moi, j'ai gardé la mienne !

•

Un pharmacien rentre à la maison après le travail.
— Chéri, chéri, lui dit sa femme, rayonnante, le petit vient de dire son premier mot !
— Et qu'est-ce que c'est ? Papa ? Maman ?
— Non, acétylsalicylique...

•

La maman à sa petite fille :

— As-tu été bien sage à la messe ?

— Oh ! oui, maman, un monsieur m'a offert une assiette pleine d'argent et j'ai dit : « Non merci, monsieur. »

•

Que fait une tortue sur une autoroute ?

Elle fait environ un kilomètre à l'heure.

•

Comment appelle-t-on un garçon qui a cent jeux de Nintendo chez lui ?

Un menteur !

•

Le père de Simon a enfin accepté de lui apprendre à conduire.

— Tu vois, Simon, quand le feu est vert, tu peux avancer. Quand il est rouge, tu arrêtes. Et quand je deviens blanc, tu ralentis !

•

Dans une salle, un magicien fait son spectacle. Comme il va exécuter un tour spécial, il demande la participation d'une personne du public. Un petit garçon se lève aussitôt et se dirige vers la scène. Le magicien lui dit :

— Pouvez-vous dire au public que c'est bien la première fois que nous nous voyons ?

— Oui, papa.

●

Élie a eu une punition. Il ne pourra pas manger de dessert au souper.

— Ça ne me dérange pas du tout, dit-il avec courage. Malheureusement, sa mère arrive avec le dessert : un énorme gâteau au chocolat.

— Tu es sûr que ça ne te dérange pas ? lui demande-t-elle.

— Pas du tout ! Ça ne me dérange tellement pas que tu pourrais même m'en donner.

●

La petite Marianne demande à son grand-père :

— Dis, grand-papa, comment s'habille-t-on quand il fait froid ?

— Voyons, Marianne, en vitesse !

●

Claudine fait écouter à son père le dernier disque compact de son groupe rock préféré.

— Papa, as-tu déjà entendu quelque chose de semblable ?

— Oui, le jour où ta mère a échappé son service de vaisselle par terre !

●

— Grand-papa, dit sévèrement Ariane, tu ne devrais pas fumer. Le professeur nous a expliqué aujourd'hui pourquoi c'est très dangereux pour la santé.

— Mais, Ariane, dit le grand-papa, un peu insulté, j'ai soixante-dix ans et ça ne m'a jamais rendu malade.

— Peut-être, mais si tu n'avais jamais fumé, tu aurais peut-être quatre-vingt-dix ans aujourd'hui.

•

Gabrielle fait sa prière :
— Mon Dieu, fais que mon père, ma mère et ma sœur soient toujours en bonne santé et que les vitamines soient dans les gâteaux, pas dans le brocoli...

•

— Maman, demande Lucie, où es-tu née ?
— À Gaspé.
— Et papa, où est-il né ?
— À Vaudreuil.
— Et moi ?
— Toi, tu es née à Berthierville.
— Oh là là, on a été vraiment chanceux de se rencontrer.

•

Un père se plaint à un de ses amis que son enfant est insupportable.

— J'ai un bon truc pour toi, répond l'ami, achète-lui un vélo.

— Quoi ? Tu crois qu'un vélo va l'empêcher de faire des mauvais coups ?

— Non, sûrement pas, mais au moins, il va aller les faire ailleurs !

●

Lucie offre des bonbons à sa petite nièce Catherine.

— Qu'est-ce qu'on dit à Lucie ? dit la mère de Catherine.

— Encore ?

●

Une maman cannibale explique à son enfant :

— Combien de fois faudra-t-il que je te dise de ne jamais parler avec quelqu'un dans la bouche !

●

Michel visite une ferme avec sa mère. Elle lui explique :

— Tu vois les vaches, ce sont elles qui nous donnent du lait.

— Et la brune, là-bas, elle donne du chocolat au lait ?

•

La maman de Pierrot va voir l'instituteur :

— Dites-moi, pourquoi Pierrot a-t-il toujours des zéros ?

— Parce qu'il n'y a pas de notes en dessous !

•

— Maman, dit Caroline, mon professeur ne sait même pas à quoi ressemble une vache !

— Pourquoi tu dis ça ?

— Hier, j'ai dessiné une vache et quand il a vu mon dessin, il m'a demandé ce que c'était.

•

Chez le dentiste, une maman dit à son fils :

— Allez, sois gentil, Éric, ouvre la bouche pour que le docteur puisse retirer ses doigts !

●

La maman de Karine la voit en train de griffonner sur un morceau de papier.

— Que fait-tu, Karine ?

— J'écris à mon cousin Pascal.

— Mais tu ne sais pas écrire !

— Oh, ça n'a pas d'importance puisque Pascal ne sait pas lire !

●

Papa demande à Claude :

— Tu as de bonnes notes à l'école ?

— Bof... Elles sont glacées.

— Comment ça, glacées ?

— Oui, elles sont en dessous de zéro...

●

Un papa demande à Philippe, son garçon :

— Qu'est ce que tu achèterais si tu étais très riche ?

— Oh moi, répond Philippe, j'aimerais avoir un chandail blanc, un pantalon blanc, des bas blancs et des souliers de course blancs.

— Et qu'est-ce que tu ferais avec ça ?

— J'irais jouer dans la boue !

•

Ahmed raconte à ses amis que son grand-père lui a appris une chose fantastique. Maintenant, il peut savoir l'heure rien qu'en regardant le soleil.

— Mais comment fais-tu la nuit ? lui demande un de ses copains.

— Oh ! c'est facile ! je sors ma trompette et je me mets à jouer. Il y a toujours un voisin pour me dire : « Qui est l'imbécile qui joue de la trompette à trois heures du matin ! »

•

Un jour, Isabelle rentre de l'école toute contente.

— Aujourd'hui, ma maîtresse était très fière de moi.

— Bravo! lui dit sa mère. Qu'est-ce qu'elle t'a dit?

— Elle a dit: «Guillaume, tu es un élève insupportable, j'aime encore mieux Isabelle...»

•

Une famille d'ours polaires se promène au pôle Nord.

— Maman, demande le petit dernier, est-ce que je suis un vrai ours polaire?

— Mais oui, mon petit, répond sa maman. Comme moi et comme ton papa. La famille continue sa promenade. Quelques minutes plus tard, le petit demande à son père:

— Papa, est-ce que moi je suis vraiment un vrai ours polaire?

— Oh oui! Tu es un ours polaire comme moi, comme ta maman et comme ta grand-mère, répond le père. Le petit ours continue son chemin. Quelque temps après, il va retrouver sa grand-mère.

— Grand-maman, est-ce que je suis un vrai vrai ours polaire?

— Mais oui, mon chéri, et ton papa et ta maman aussi sont de vrais ours polaires. Mais pourquoi tu me demandes ça?

— Parce que j'ai froid...

•

La mère : Lucie, comment t'es-tu fait cette bosse sur la tête?

Lucie : C'est Jacques qui m'a lancé des petits pois.

La mère : Tu veux dire que c'est des petits pois qui t'ont fait une si grosse bosse?

Lucie : Oui, ils étaient encore dans la boîte.

•

Que dit le hibou à sa femme au jour de l'An?

Je te chouette une bonne année!

●

Ce jour-là, Mario est insupportable. Il fait bêtise par-dessus bêtise. Excédé, son père lui dit:

— Si tu n'arrêtes pas, je te préviens, les coups vont pleuvoir!

— D'accord, répond Mario, je vais mettre mon imperméable.

●

Un père embarrassé tente d'expliquer à son jeune fils que la famille comptera bientôt un nouveau membre.

— Fiston, un jour, une cigogne volera au-dessus de notre maison et s'y arrêtera. Songeur, pendant quelques secondes, le fiston répondit:

— J'espère qu'elle n'effraiera pas maman, elle est enceinte, tu sais!

●

— Jasmine : J'ai assez mal dormi la nuit dernière !

— Caty : Pourquoi, tu as fait des cauchemars ?

— Jasmine : Non, mais j'ai confondu le cordon de ma couverture électrique avec celui du grille-pain et j'ai sauté toute la nuit !

•

À six heures du matin, le petit Pierre entre dans la chambre de ses parents et réveille sa mère.

— Maman, c'est l'heure !

— L'heure de quoi ?

— L'heure de réveiller papa pour qu'il vienne me réveiller !

•

Maman, maman, Pierrot est en train de manger le journal !

— Ce n'est pas grave, c'est celui d'hier.

•

En rentrant de l'école, une petite fille dit à sa mère avec un air mystérieux :

— Maman, tu connais la dernière à l'école ?

— Non.

— Eh bien... c'est moi !

•

— Maman, je voudrais du chocolat s'il te plaît ! dit Toto.

— Mais je viens de t'en donner un gros morceau !

— Oui, mais j'en voulais un petit !

•

Simon et Simone sont à la maison. Un train passe. Simon et Simone sont morts et on trouve, par terre, à côté d'eux, de la vitre et de l'eau.

Comment expliquer ce mystère ?

Simon et Simone sont des poissons rouges !

•

— Aujourd'hui, à l'école, raconte Émilie à sa maman, j'ai li.

— On dit j'ai lu, Émilie. Et qu'est-ce que tu as fait d'autre ?

— J'ai écru.

•

Un jeune cannibale rentre de l'école et dit :

— Papa, je ne vais plus à l'école.

— Pourquoi ? demande le papa cannibale.

— Parce que j'avais faim et j'ai mangé mon professeur !

•

— Comment ça c'est passé votre divorce ?

— Moi, j'ai les enfants, et mon mari, la voiture.

— Et tous vos biens communs ?

— Les avocats se les partagent entre eux !

•

Jeannot est installé à la place la plus couteuse du centre sportif. Le placier passe pour vérifier les billets.

— De qui as-tu reçu ce billet? demande-t-il.

— De mon père.

— Et où est ton papa? Il n'est pas là?

— Non, il est à la maison! Il cherche son billet!

●

Un petit maringouin dit à sa mère :

— Maman, maman, je suis très populaire! Quand je m'approche des humains, ils se mettent tous à taper des mains!

●

Mélanie est partie se coucher. Sa maman est assise sur le bord du lit et lui chante une berceuse. Elle en chante une deuxième. Puis une autre. Et encore une autre. À la fin, Julie demande à sa mère :

— Maman, est-ce que tu me laisses m'endormir maintenant, ou si tu veux encore chanter ?

●

Jean-Yves téléphone en catastrophe à l'hôpital :

— Vite ! Dites-moi quoi faire ! Mon père vient de tomber la tête la première dans une ruche !

— Gardez votre calme et emmenez-le tout de suite à l'urgence ! On va lui faire une petite piqûre !

●

Paul raconte à son ami Luc :

— Je suis né un jour de congé.

— Quel jour était-ce ?

— Le 14 janvier.

— Mais ce n'est pas un jour de congé.

— Oh oui, ma mère a pris congé ce jour-là !

●

Une maman mite s'adresse à son petit :

— Si tu ne manges pas tout ton repas, tu n'auras pas ton chausson pour dessert...

●

Une jolie petite poule rentre de l'école. Sa maman lui demande :

— Ma poulette, tu as bien travaillé aujourd'hui ?

— Oh oui, maman, j'ai eu un œuf !

●

— Maman ! s'écrie Natacha en voyant un porc-épic pour la première fois. Regarde, un cactus qui marche !

●

Monsieur Beauregard dit au cambrioleur :

— Enfin ! vous voilà, vous ! Ça fait des années que ma femme me réveille toutes les nuits en me disant qu'il y a un voleur dans la maison !

●

— Maman! tout le monde me dit que j'ai des grands pieds!

— Mais non, mon chéri. Enlève tes souliers et va les ranger dans le garage!

•

Le prof: Si c'est toi qui chantes, tu dis « Je chante. » Si c'est ton père qui chante, que dis-tu ? L'élève : Je dis « Arrête » !

•

La mère : Tu es gentille de tricoter des mitaines pour notre voisine qui est à l'hôpital.

— Jasmine : Sais-tu si, à cause de son accident, ils vont devoir lui couper un bras ?

— La mère : Mais non! Pas du tout, voyons donc! Pourquoi tu me poses une question pareille ?

— Jasmine : Ben, parce que j'aurais eu besoin de tricoter juste une mitaine...

•

Monsieur Lee s'en va jouer au casino. Soudainement, il pousse un cri, se prend le ventre à deux mains et tombe sans connaissance! Un homme qui se trouve à côté dit à sa femme :

— Ça m'a tout l'air d'une crise d'angine!

— Ah! Tu crois? Je te parie un jeton de 10 dollars qu'il fait une crise de foie!

•

Un jeune garçon qui veut apprendre le français se promène dans la rue et écoute les gens. Il croise un homme qui dit à son fils : « Si tu veux m'aider à enlever la neige, tiens bien le manche de pelle! » Le petit garçon répète dans sa tête : manche de pelle. Un peu plus tard, il entend un homme demander à sa femme : « Viens-tu avec moi acheter des graines à l'animalerie? C'est pour un serin. » Le petit garçon retient : pour un serin. La femme répond : « Non, je te laisse y aller tout seul. » Le garçon est bien content de sa journée. Il est fier de tout ce qu'il a appris en français. En retournant chez lui, un policier l'arrête pour l'interroger :

— Comment t'appelles-tu ?

— Euh... Manche de pelle.

— Tu veux rire de moi ? Pour qui tu me prends ?

— Pour un serin.

— Hé toi ! Veux-tu aller en prison ?

— Non, je te laisse y aller tout seul !

•

À l'école, un invité spécial vient parler de l'Australie. Après son départ, le prof demande aux élèves :

— Qui aimerait aller visiter l'Australie ? Tout le monde lève la main, sauf Nicolas.

— Nicolas, dit le prof, tu ne veux pas visiter l'Australie ? Ça ne t'intéresse pas ?

— Oui... mais ma mère m'a dit de rentrer à la maison tout de suite après l'école !

•

Isabelle entre dans la salle de bains et trouve son frère dans la lune, les yeux fixés sur la baignoire remplie d'eau.

— Qu'est-ce que tu fais? lui demande-t-elle.

— Je pêche.

— Et est-ce que ça mord?

— Dans une baignoire? Es-tu folle?

•

La mère : Marie-Claire, je vais faire une commission. Si madame Faucher appelle, dis-lui que je reviens dans une heure.

— Marie-Claire : O.K., maman. Et si elle n'appelle pas, qu'est-ce que je dis?

•

La mère : Arrête tout de suite d'écrire sur le mur. Que c'est sale!

— Le fils : Mais non, maman, j'écris des noms propres!

•

Alexis arrive à l'école un matin avec un pied dans le plâtre.

— Pauvre toi! lui dit son ami Denis.

— Ce n'est rien, ça! Mon frère, lui, il ne sera pas capable de s'asseoir pour au moins deux semaines!

•

Louis : Maman, je suis désespéré! Tu sais, le grand Tremblay, il m'a dit que la prochaine fois qu'il me verrait, il me mettrait son pied au derrière. Qu'est-ce que je devrais faire?

— La mère : J'ai juste un conseil à te donner. La prochaine fois que tu aperçois le grand Tremblay, assois-toi au plus vite!

•

Le père : Simon, combien de fois il va falloir que je te le dise! Ferme la porte, il fait froid dehors!

— Simon : Ha! Et si je ferme la porte, tu crois vraiment qu'il va faire moins froid dehors?

•

Un soir, pendant son spectacle, un magicien vraiment maladroit manque son coup et scie son fils en plusieurs morceaux. Sa femme, qui entend la nouvelle à la télévision, accourt à l'hôpital.

— Où est mon fils ? Où est mon fils ? crie-t-elle à l'infirmière à l'urgence.

— Chambres 207, 208 et 209...

●

— Est-ce que ton père aime la musique ?

— Avec son métier, il n'a pas le choix.

— Pourquoi ? Qu'est-ce qu'il fait ?

— Il travaille dans une mine, alors il passe ses journées dans le « rock » !

●

C'est l'heure de partir à l'école. Jules traîne interminablement.

— Qu'est-ce que tu fais ? lui demande sa mère.

— Je cherche mon sac d'école, répond Jules.

— Il est là, lui dit sa mère en lui tendant son sac d'école.

— Oh, s'il te plaît, maman, fait-il, laisse-moi le chercher encore un peu !

•

Le bébé éléphant : Maman, je viens de perdre une défense !

— Maman éléphant : C'est tout à fait naturel, mon petit. C'était une défense de lait !

•

— Je suis allé voir ton médecin pour mon problème de poids.

— Celui qui m'avait conseillé de faire le vide dans ma tête pour mes problèmes de migraine ?

— Oui, celui-là.

— Et qu'est-ce qu'il t'a dit ?

— Il m'a conseillé de faire le vide dans mon réfrigérateur !

•

C'est la fête de Jacinthe. Toute contente, elle demande à son frère :

— Tu m'as promis que tu me ferais une surprise pour ma fête.

— Oui, c'est vrai.

— Alors, qu'est-ce que c'est?

— La surprise, c'est que je ne te ferai pas de cadeau cette année!

•

Un jour, Samuel revient à la maison en pleurant.

— Qu'est-ce qui se passe mon grand? lui demande sa mère.

— Tu sais, la pomme que tu m'as donnée tantôt, je l'ai échappée sur le trottoir en allant voir la parade.

— Mais pourquoi ne l'as-tu pas ramassée?

— Juste au moment où je me penchais pour la prendre, j'ai entendu cinquante tambours me dire en même temps : TORAPATAPOM! TORAPATA-POM! TORAPATAPOM!

•

Deux camarades de classe qui ne s'entendent pas très bien discutent un bon matin :

— Moi, ma mère m'a toujours dit que manger du poisson rend intelligent.

— Eh bien, c'est drôle, ça ! Justement, du poisson, moi j'en mange le plus souvent possible !

— Ah ! Il va falloir que je dise ça à ma mère !

— Quoi ? Que je mange du poisson ?

— Non, qu'elle s'est complètement trompée dans sa théorie !

•

Une mère demande à sa fille, après sa première journée à l'école :

— Et puis, as-tu appris des choses intéressantes aujourd'hui ?

— Oui, mais pas assez. Il faut que j'y retourne demain !

•

Alice : Moi, je veux me marier avec grand-papa.

— La mère : Mais qu'est-ce que tu dis là ? Tu ne peux pas épouser ton grand-père, c'est mon père !

— Alice : Et puis ? Toi, tu t'es bien mariée avec mon père !

●

Ma mère m'a dit que ce sont les cigognes qui amènent les bébés.

— Ah oui ? Tu lui demanderas qu'elle t'explique comment elles font avec les bébés éléphants !

●

— Ma sœur est super brillante.
— Comment ça ?
— Elle a juste cinq ans et elle est capable d'écrire son nom à l'envers et à l'endroit.
— Comment s'appelle-t-elle ?
— Anna.

●

Marc-Antoine est au dépanneur. Trois personnes attendent déjà à la caisse. Il se précipite pour payer et passe devant tout le monde. La caissière, intriguée, lui dit :

— Tu n'es pas gêné, toi. Pourquoi es-tu si pressé ?

— Mon père m'a envoyé chercher quelque chose et m'attend avec impatience. Pouvez-vous me servir avant les autres ?

— Bon, d'accord. De quoi a-t-il besoin, ton père ?

— De papier de toilette...

•

Le père : Quel bulletin ! Tu es le dernier élève sur 20.

— Jocelyn : Oh, papa, ça pourrait être pire, tu sais !

— Le père : Comment ça ?

— Jocelyn : Je pourrais être dans une classe de 30...

•

Deux amies discutent :

— Ma mère est vraiment bizarre.

— Comment ça ?

— Tous les soirs, alors que je ne suis même pas fatiguée, elle me dit d'aller dormir. Et chaque matin, alors que je suis en train de dormir, elle me réveille !

●

La mère : Félix, c'est toi qui as montré tous ces gros mots à ton petit frère ?

— Félix : Non, maman. Moi, je lui ai juste montré tous ceux qu'il n'avait pas le droit de dire.

●

La mère : As-tu balayé la cuisine, comme je te l'avais demandé ?

— Thomas : Oui, maman.

— La mère : Tu es sûr ?

— Thomas : Mais oui ! Si tu ne me crois pas, tu peux vérifier. J'ai mis toute la poussière sous le tapis.

●

Le petit Bob va visiter le Centre de la nature avec sa famille. Il aperçoit l'enclos des animaux et dit à ses parents :

— Je veux faire un tour d'âne ! Je veux faire un tour d'âne !

— Non, on n'a pas le temps, lui dit sa mère.

— Mais moi je veux faire un tour d'âne ! crie-t-il à tue-tête.

— Ah ! dit-elle à son mari, prends donc Bob sur tes épaules pour qu'il nous fiche la paix !

•

Maman poisson et papa poisson se promènent en mer avec leurs petits. Ils croisent un sous-marin.

— Maman, qu'est-ce que c'est ? demande un des petits.

— Ça, ce sont des hommes en conserve.

•

Jérémie : Maman, sais-tu où se trouve le Guatemala?

— La mère : Non, mais demande donc à ta sœur, c'est elle qui a fait le ménage cette semaine!

•

La grand-mère : As-tu bien dormi, Julien?

— Julien : Non, j'ai eu mal aux dents!

— La grand-mère : Pauvre petit!

— Julien : Qu'est-ce que je devrais faire, grand-maman, pour ne pas que mes dents m'empêchent de dormir?

— La grand-maman : Je ne sais pas vraiment. Moi, ça fait trop longtemps que je ne dors plus avec mes dents!

•

— Savais-tu, Catherine, qu'on peut entendre la mer en écoutant dans un biscuit Whippet?

— Hein! Qu'est-ce que tu racontes là?

— Oui, oui, je te le jure! dit Guillaume.

Tiens, tu peux essayer toi-même, tu verras! Catherine prend un biscuit, le porte à son oreille et écoute attentivement.

— Je n'entends rien!

— Attends, tu vas voir, ce ne sera pas long. Au même moment, la mère de Guillaume arrive et s'écrie :

— Mais franchement, voulez-vous bien me dire ce que vous êtes en train de manigancer tous les deux?

— Tu vois, reprend Guillaume, je te l'avais bien dit qu'on entendrait la mère!

•

Une mère inquiète amène sa fille chez le médecin :

— Docteur, c'est ma fille. Elle ne va pas bien du tout. Elle n'a pas voulu se lever ce matin.

— Dis-moi, ma petite, où as-tu mal?

— J'ai mal à l'école!

•

Charles arrive de l'école avec un mauvais bulletin.

— Charles, lui dit sa mère un peu fâchée, as-tu une petite idée de qui est le plus paresseux de ta classe?

— Mais non, maman.

— Tu es sûr? Réfléchis un peu, ça va te revenir. Pendant que tout le monde travaille en classe, qui est celui qui reste à ne rien faire en regardant les autres?

— Le prof!

•

Claire est installée avec ses crayons de couleur et travaille très fort.

— Qu'est-ce que tu dessines, Claire? lui demande son père.

— Un zèbre.

— Mais ce n'est pas un zèbre, c'est un cheval!

— Mais non, c'est un zèbre. C'est juste que les rayures sont encore dans le crayon!

•

Gabriel : Maman ! L'auto de papa est prise dans la neige ! Je vais aller l'aider.

— La mère : Tu es sûr que tu es capable ?

— Gabriel : Mais oui, maman, je connais tous les gros mots qu'il faut !

•

— Ma sœur a passé toute la nuit à étudier.

— Pourquoi ?

— Elle avait un test de sang ce matin.

•

Mathieu : J'ai dit à mes parents que s'ils achetaient une trompette à ma soeur, ils devraient m'acheter une bicyclette.

— Laurent : Pourquoi ?

— Mathieu : Pour que je puisse me sauver quand elle fera ses gammes !

•

— Hier soir, en entrant dans la cuisine, j'aperçois mon petit frère en train de mettre des aiguilles dans la sauce à natchos.

— Pourquoi faisait-il ça?

— Pour avoir de la sauce piquante!

●

Un petit moustique veut aller au théâtre.

— Pas question! lui dit sa maman.

— Oh! S'il te plaît!

— Bon, d'accord, mais tu rentres avant les applaudissements!

●

Samie : Ton grand frère qui joue au hockey est-il le meilleur de sa division?

— Tricia : Oui.

— Samie : Alors, il pourrait peut-être nous aider à faire notre devoir de maths?

●

François demande à son grand frère :

— Qu'est-ce que tu as trouvé le plus dur quand tu as commencé à jouer au hockey ?

— La glace !

•

Mila est perdue en plein désert avec son père.

— Papa ! Regarde, un chameau !

— Un chameau ! Où ça ?

— Trop tard ! Il vient juste de disparaître derrière une dune !

— Ma petite Mila, je crois que c'est un mirage.

— Ah oui ? Un mirage aussi a deux bosses ?

•

Louis : Maman, est-ce que les poissons se couchent pour dormir ?

— La mère : Mais non, Louis.

— Louis : Alors, c'est quoi le lit de la rivière ?

•

Richard revient de l'école avec une lettre du directeur pour sa mère. «Chère madame, aujourd'hui, Richard a fait l'imbécile en imitant son professeur.»

•

La mère : Juliette, as-tu fini ta soupe à l'alphabet ?
— Juliette : Non, pas encore, maman. Je suis juste rendue à la lettre P.

•

La mère : Allô, Marc !
— Marc : Maman, où étais-tu ?
— La mère : Je suis allée passer une échographie.
— Marc : Et qu'est-ce qu'ils ont dit du bébé ?
— La mère : Tu vas avoir une petite sœur !
— Marc : Wow ! Et est-ce qu'ils t'ont dit comment elle allait s'appeler ?

•

Le père : Pourquoi as-tu dit à tes amis que ta sœur est une imbécile ?

— Patrice : Je n'ai jamais dit ça.

— Le père : Tu me le jures ?

— Patrice : Bien sûr, papa ! Jamais je ne dévoilerais un secret de famille !

●

La mère : J'espère que tu n'as pas fait trop de mauvais coups à l'école aujourd'hui...

— Ramon : Comment veux-tu que je fasse des mauvais coups ? Je suis toujours en pénitence !

●

Manuel : Maman, aujourd'hui j'ai été le seul à pouvoir répondre à une question du professeur !

— La mère : Bravo ! Quelle était cette question ?

— Manuel : Qui a brisé la vitre pendant la récréation ?

●

— Papa! Regarde la super balle de baseball que je viens de trouver!

— Oui, elle est pas mal belle. Mais comment sais-tu qu'elle était perdue?

— Facile! Regarde de l'autre côté de la rue, les enfants la cherchent encore!

●

Deux nigauds discutent:

— Regarde les beaux biscuits que ma mère m'a donnés.

— Ah! Chanceux! Tu veux m'en donner?

— O.K. Si tu réussis à deviner combien j'en ai, je te les donne tous les huit!

●

À l'heure du souper:

Le père: J'aime tellement me retrouver en famille après une journée de travail!

— La mère: Moi aussi, ça fait tellement de bien d'être ensemble autour de la table! Et toi, Laurie, trouves-tu que le souper est le meilleur moment de la journée?

— Laurie : Oh oui! Surtout quand il y a du gâteau au chocolat!

●

La mère : Oui, tu peux aller au dépanneur. Mais n'achète pas de bonbons, tu vas avoir des caries.

— Miguel : Et si je les achète à l'épicerie, est-ce qu'ils vont me donner des caries?

●

Un monsieur entre dans un magasin de vêtements.

— Je voudrais avoir cette paire de bretelles-ci.

— Très bien, monsieur, et avec ça?

— Avec ça? Je vais faire tenir mon pantalon!

●

Brigitte revient de sa première journée en première année.

— Alors, Brigitte, lui demande son père, est-ce que tu as aimé l'école?

— Bof! La maîtresse n'a pas arrêté de nous faire répéter les lettres de l'alphabet toute la journée!

— Mais tu ne veux pas apprendre, ma chérie?

— Non, je ne veux pas apprendre. Je veux savoir!

•

Raoul: Maman, dehors, il y a un homme avec un bras dans le plâtre qui s'appelle Normand.

— La mère: Ah bon! Et comment s'appelle son autre bras?

•

— Pourquoi ton frère n'arrête pas de courir partout comme ça?

— Parce qu'il trouve que ses souliers sont trop neufs!

•

Gabrielle s'en va voir sa nouvelle petite sœur à la pouponnière.

— Vraiment! Les infirmières sont plutôt distraites! Regarde, maman, elles ont oublié d'enlever le prix sur son bras!

•

Victoria revient de vacances de chez ses grands-parents. Elle demande à son frère :

— Est-ce que tu as pensé à nourrir mes poissons rouges?

— Oui, mais j'ai complètement oublié de leur donner à boire!

•

Le père : Franchement, Alexis, tu pourrais te forcer un peu plus à l'école! Pense un peu à George Washington. Te rends-tu compte qu'à ton âge, il était le premier de sa classe?

— Alexis : Peut-être, mais à ton âge, il était déjà président des États-Unis!

•

— Maman, je sais pourquoi on dit une « trompe d'éléphant ».

— Ah ! oui, pourquoi ?

— Parce que le bon Dieu s'est trompé ! Il leur a mis une queue en avant !

●

Deux petites sœurs se parlent :

— J'ai faim !

— Moi aussi !

— Mais ce n'est pas encore l'heure de manger.

— Qu'est-ce qu'on va faire ?

— Attends ! J'ai une bonne idée ! Maman ! Veux-tu t'amuser avec nous ?

— Oui, répond la mère. À quoi voulez-vous jouer ?

— On va jouer au zoo !

— D'accord ! Que faut-il que je fasse ?

— Eh bien, nous, on fait les éléphants, et toi tu fais une visiteuse qui leur lance plein d'arachides !

●

— Il y a des choses que mon petit frère n'a pas encore comprises.

— Comme quoi ?

— Eh bien, hier, il a demandé à ma grand-mère depuis quand elle connaissait ma mère !

●

La gardienne : Mais voyons, Jérémie ! Pourquoi as-tu mordu ta sœur ?

— Jérémie : Un instant ! Je ne l'ai pas mordue !

— La gardienne : Ah non ? Qu'est-ce que tu viens de faire, alors ?

— Jérémie : Je l'ai embrassée avec les dents !

●

— Maman, est-ce que tu punirais quelqu'un pour une chose qu'il n'a pas faite ?

— Mais non !

— Ah ! Fiou ! Alors je n'ai pas fait mes devoirs.

●

Cléo : Merci, maman. C'était délicieux !

— La mère : Quoi ? Tu as déjà fini
ton dessert ?

— Cléo : Mais, maman, c'était un
éclair !

•

Karine : Maman, regarde le beau
bracelet que je viens de trouver dans le
parc de stationnement du magasin !

— La mère : Karine, il va falloir aller
le porter aux objets perdus.

— Karine : Pourquoi ? C'est écrit
dedans « À toi pour toujours. »

•

Un frère et une sœur discutent :

— Il y a des sœurs qui sont bavardes,
mais toi, tu es une exception.

— Tu trouves ? C'est gentil !

— Oui, tu es exceptionnellement
bavarde.

•

Le frère : Ah! Ça fait deux heures que tu me regardes sans arrêt faire mon casse-tête! Tu commences à m'énerver!

— La sœur : Ben quoi?

— Le frère : Tu ne pourrais pas en faire un toi-même?

— La sœur : Ah non! Moi, je n'ai pas de patience!

•

Le professeur : Bastien, si ton père promet de te donner deux dollars chaque fois que tu tonds le gazon, combien te donnera-t-il si tu le tonds quatre fois?

— Bastien : Deux dollars.

— Le prof : Mais voyons, Bastien, tu ne connais pas la table de deux?

— Bastien : Oui, mais on voit bien que vous, vous ne connaissez pas mon père!

•

— Je ne veux plus aller à l'école. Personne ne m'aime. Les élèves me détestent et les profs aussi. Je veux rester ici, maman!

— Pas question, mon grand! Écoute, dans la vie, il faut faire des efforts. Je suis sûre que tu as plein de choses à apprendre à l'école. Et puis, tu n'as pas vraiment le choix, c'est toi le directeur!

●

Un frère et sa petite sœur reviennent ensemble de l'école.

— Aujourd'hui, dit le frère, dans le cours d'éducation physique, on a joué au baseball.

— As-tu été bon?

— Ah oui! Imagine-toi donc que j'ai réussi à voler un but.

— Oh! T'es mieux de ne pas le dire à maman, sinon tu vas te faire punir.

●

La mère : Alors, Natacha, as-tu réussi ton examen ?

— Natacha : Non, mais ce n'est pas ma faute, maman. La maîtresse a fait exprès de me demander tout ce que je ne savais pas et rien de ce que je savais.

•

Sylviane : Papa, je t'aime.

— Le père : Tu m'aimes comment ? Un petit peu ?

— Sylviane : Non, je t'aime un énorme peu !

•

Alice : Maman, tu nous as toujours dit de ne pas oublier de fermer la porte du frigo, n'est-ce pas ?

— La mère : Oui, pourquoi ?

— Alice : Eh bien, tantôt, Philippe a oublié de la fermer. Alors, pour lui donner une bonne leçon, j'ai mangé tout le reste du gâteau au chocolat !

•

Madame Proulx amène sa fille chez le médecin.

— Chère madame, dit le docteur après avoir examiné la petite Lison, votre fille a l'air d'être en parfaite santé! Pourquoi vous inquiétez-vous?

— Elle est bizarre ces temps-ci. Ça fait au moins une semaine qu'elle fait ses devoirs tous les soirs sans que j'aie à dire quoi que ce soit!

●

Le professeur: Paul-Alain, si ton père savait à quel point tu t'es mal conduit aujourd'hui, je suis sûr que ça lui donnerait des cheveux blancs.

— Paul-Alain: Oh! Il serait très heureux, il est chauve.

●

Le père: Qui a brisé la vitre?

— Mathieu: C'est Laurence, papa. Elle s'est baissée quand je lui ai lancé une boule de neige...

●

Le père : Alex, il faut que je te parle. Je reviens d'une visite chez ton professeur. Il m'a dit qu'il était absolument incapable de te faire apprendre quoi que ce soit.

— Alex : Ah! Tu vois, papa! Je t'ai toujours dit que mon professeur était un ignorant!

•

— Papa, papa! Je viens de voir une souris énorme! Elle était aussi grosse qu'un éléphant!

— Simon, dit le père, je t'ai déjà dit trois millions de fois de ne pas exagérer!

•

— Marc, dit la maman, n'oublie pas qu'il ne faut jamais remettre à demain ce qu'on peut faire aujourd'hui.

— Ah oui? Alors je crois qu'on est mieux de finir tout de suite le gâteau!

•

Angèle s'en va au camp de vacances. Au moment de son départ, sa mère lui dit :

— Angèle, j'attends de tes nouvelles. Écris-moi sans faute !

— Oh, tu sais, maman, je n'ai jamais été tellement bonne en français !

●

Papa lion : Qu'est-ce que tu fais, mon fils ?

— Bébé lion : Je poursuis un chasseur autour de l'arbre.

— Papa lion : Combien de fois dois-je te répéter de ne pas jouer avec ta nourriture !

●

— Julien, va en bas ramasser tes jouets !

— Mais, papa, est-ce que je peux y aller en souliers ?

●

Martin : Papa, je suis meilleur que mon professeur !

— Le père : Hein ? Comment peux-tu dire ça ?

— Martin : Parce que l'année prochaine, mon professeur restera en deuxième, et moi, je serai en troisième !

•

Candie : Maman, je sais pourquoi les robinets font « plouc plouc ». C'est parce qu'ils ne peuvent pas renifler.

•

— Maman, est-ce que nous sommes venimeux ? demande un jeune serpent à sa mère.

— Bien sûr, mon chéri, répond la maman serpent. Mais pourquoi pleures-tu ?

— Parce que je viens de me mordre la langue.

•

Le papa : Qu'est-ce que tu as appris à l'école aujourd'hui, Sébastien ?

— Sébastien : J'ai appris que tous les problèmes de math que tu as faits pour moi hier soir étaient mauvais !

●

— Maman, dit Jacques, tu te souviens du beau vase dans le salon que tu as toujours eu peur que je brise ?

— Oui, pourquoi ?

— Bien, tu n'as plus besoin de t'inquiéter...

●

Le professeur demande à ses élèves ce qu'ils ont fait pendant les vacances.

— Moi, je suis allée chez mon grand-père, répond Catherine.

— Ton grand-père paternel ou maternel ?

— Euh... mon grand-père ingénieur !

●

Thérèse : Papa, sais-tu pourquoi les poules noires sont plus intelligentes que les poules blanches ?

— Papa : Pourquoi ?

— Thérèse : Parce que les poules noires peuvent pondre des œufs blancs, mais les poules blanches ne peuvent pas pondre d'œufs noirs !

●

Le petit cannibale rentre à la maison où son père prépare le souper.

— Hum ! ça sent bon ! Qui est-ce ?

●

En regardant leur fille sortir de la maison avec son nouvel amoureux, monsieur pieuvre dit à madame pieuvre :

— Regarde comme ils sont beaux quand ils s'en vont main dans la main, main dans la main, main dans la main, main dans la main...

●

— Jean-François : Oh là là ! Qu'est-ce qui est arrivé à la voiture de ton père ?

— Robert : Tu vois la grosse roche près de l'entrée, là-bas ?

— Jean-François : Oui.

— Robert : Eh bien, mon père, lui, ne l'a pas vue...

●

Le père : Mon petit Guillaume, qui t'a donné cet œil au beurre noir ?

— Guillaume : Personne ne me l'a donné, papa. J'ai dû me battre pour l'avoir !

●

— Anatole ?

— Oui, Alphonsine !

— Qu'est-ce que tu fais ?

— Je suis dans la salle de bains, je me brosse les dents.

— Mais ça fait 15 minutes que tu es là ! Tu ne trouves pas que c'est un peu long ?

— Oui, mon amour. Mais c'est parce que j'en ai profité pour brosser les tiennes aussi.

•

Grand-papa pou se promène sur le crâne d'un chauve avec son petit-fils :

— Tu vois, mon petit, avant, ici, il n'y avait qu'un tout petit sentier. Maintenant, c'est une autoroute...

•

Un bon soir, pendant le souper, le père de Gabrielle se lève de table en disant :

— Je ne suis pas dans mon assiette, je vais me coucher. Le lendemain matin, Gabrielle refuse de manger ses céréales. Son père s'inquiète et lui demande si elle va bien.

— Je ne suis pas dans mon bol, répond-elle.

•

Sophie : Je suis malade ! Ma mère m'a conseillé de prendre de l'ail. Il paraît que c'est excellent pour éloigner le rhume.

— Céline : Ouais, pour éloigner les amies aussi...

●

— Maman, est-ce que je peux aller jouer au parc ?

— Comment, avec ce pantalon troué ?

— Non, avec mes copains.

●

Charles : Maman, j'ai trouvé une bonne façon de te faire économiser.

— La mère : Ah oui ! Laquelle ?

— Charles : Tu te souviens ? Tu m'as promis 10 dollars si je réussissais mon examen. Eh bien, tu n'auras pas besoin de me les donner !

●

Un père à son fils :

— Des notes aussi minables, ça mérite une bonne correction.

— Allons-y, papa, je connais l'adresse du professeur ! répond le fils.

•

Jeanne revient du zoo.

— Maman, j'ai vu un animal très dangereux et très méchant !

— Ah oui ? Lequel ?

— Le rhino-féroce !

•

Le fils de Dracula arrive de l'école en pleurant.

— Mais qu'est-ce qui t'arrive, mon petit ? lui demande sa maman.

— Tout le monde se moque de moi. À l'école, tout le monde me dit que j'ai des grandes dents. C'est pas vrai, hein, maman ?

— Mais non, ce n'est pas vrai. Mais lève la tête, tu vas égratigner le plancher !

•

Maman : Qu'est-ce que tu as fait à l'école aujourd'hui, François ?

— François : Des devinettes.

— Maman : Mais tu m'avais dit que tu avais un examen de math.

— François : Oui, c'est ça...

•

La maman à son mari :

— Je crois que notre fils sera astronaute.

— Qu'est-ce qui te fait dire ça ?

— Son professeur m'a dit qu'il était toujours dans la lune !

•

— Alors ! Zéro partout ! s'écrie le père en consultant les notes de son fils. Qu'est-ce que tu vas encore donner comme explication ?

— Ben, dit le fils, j'hésite entre l'hérédité et l'environnement familial.

•

Laurent : Maman, tout le monde me dit que j'ai une grande langue !

La mère : Mais non, voyons ! Mais ferme ta bouche, là, tu es en train de laver le plancher !

•

— Tu sais que la femme de Vincent a eu son bébé ?

— Ah oui ? Et comment vont-ils l'appeler ?

— Je ne sais pas.

— Quel drôle de nom !

•

— Mon frère a commencé à faire du patinage artistique. Il est tellement bon qu'il peut faire un huit sur la glace.

— Il n'y a rien d'impressionnant là-dedans ; faire un huit, c'est la base du patinage artistique !

— Peut-être, mais mon frère, il le fait en chiffres romains.

•

Mélissa est en train de remplir le plat du chat de nourriture quand elle entend sa mère, juste derrière elle, lui dire :

— Ah ! ton chat est vraiment gâté. Il est nourri sans effort chaque jour. J'aimerais ça moi aussi n'avoir jamais besoin de faire de repas ! Aussitôt, Mélissa se retourne et donne une pleine cuillerée de nourriture pour chats à sa mère !

•

— Thierry, lui dit sa mère, je t'ai déjà dit de ne pas te lever debout sur ta chaise !

— Mais, maman ! Je suis un grand chevalier sur son cheval.

— Peut-être, mais même les chevaliers écoutent leur mère.

— Oui, mais moi, je suis un chevalier orphelin.

•

Un coq attend impatiemment des nouvelles de sa femme qui va avoir son bébé à l'hôpital de la basse-cour. La poule-infirmière entre enfin dans la salle d'attente et lui dit :

— Félicitations ! C'est un œuf !

•

Monsieur Picard arrive en retard à son travail pour la deuxième fois cette semaine.

— J'attends vos explications ! lui dit le patron en colère.

— Je suis désolé. C'est à cause de ma femme, elle a eu un accouchement difficile.

— Vous voulez rire de moi ! hurle le patron. Vous m'avez servi la même excuse il y a trois jours.

— Oui ! Mais vous ne saviez pas que ma femme travaille à la pouponnière.

•

La mère : Tu sais, Bruno, que je n'aime pas ça quand tu vas te baigner tout de suite après avoir mangé.

— Bruno : C'est pas grave, maman, j'ai mangé du poisson !

●

La mère : Colin, pourquoi as-tu donné un coup de pied dans le ventre de ton frère ?

— Colin : Ce n'est pas ma faute, maman, c'est lui qui s'est retourné.

●

Pascal regarde une course aux Jeux olympiques à la télévision :

— Papa, pourquoi ils courent aussi vite ?

— C'est que les trois premiers vont gagner une médaille.

— Ah, les trois premiers ! Mais les autres, pourquoi ils courent aussi ?

●

La maman : Charles ! Je t'ai déjà dit que c'est très impoli de se mettre les doigts dans le nez !

— Charles : Ah oui ? Alors pourquoi il y a des trous ?

•

Madame Simard : Docteur, mon mari se prend pour un réfrigérateur et ça m'empêche de dormir.

— Le docteur : Pourquoi ?

— Madame Simard : Il dort la bouche ouverte et la lumière me dérange.

•

Un petit chien revient de l'école.

— Qu'est-ce que tu as appris aujourd'hui ? lui demande sa maman.

— On a eu un cours de langue étrangère.

— As-tu appris à dire quelque chose ?

— Oui : miaou.

•

— Mon père a installé quatre antennes sur sa voiture.

— Pourquoi?

— Parce qu'il a quatre pneus radiaux...

●

— Ma mère vient de trouver un emploi à vie.

— Elle va travailler pour le gouvernement?

— Non, le zoo l'engage pour tricoter des foulards aux girafes!

●

Caroline entre chez son amie Valérie. Elle n'est pas là, mais son petit frère Anthony lit une bande dessinée dans la cuisine.

— Où est ta sœur? demande Caroline à Anthony.

— Je crois qu'elle est en train de prendre sa douche. Attends, je vais vérifier. Il se dirige vers l'évier et ouvre tout grand le robinet d'eau chaude. On entend alors un hurlement en provenance de la salle de bains.

— Oui, répond Anthony, elle est bien sous la douche!

•

Le père : J'en ai assez de voir tout monter : l'électricité, le chauffage, le téléphone, les taxes!

— Le fils : Papa, ne t'en fais plus, je vais te montrer mon dernier bulletin...

•

Denis : Maman, je ne retourne pas à l'école demain.

— La mère : Mais pourquoi?

— Denis : Avant-hier, le prof nous a dit que quatre plus quatre, ça fait huit. Hier, il nous a dit que six plus deux, ça fait huit, et aujourd'hui, il nous annonce que cinq plus trois, ça fait huit. Alors moi, je ne retourne pas à l'école tant qu'il ne se sera pas démêlé.

•

Emmanuel revient amoché de son premier cours d'équitation.

— Mais qu'est-ce qui t'est arrivé? lui demande sa mère.

— Ben... le cheval est parti d'un côté, et moi de l'autre.

•

Monsieur et madame Inuit rentrent à la maison et trouvent leur iglou tout fondu.

— Oh, non! Le petit a encore joué avec des allumettes.

•

Tim: Papa, es-tu capable d'écrire?

— Le père: Je pense que oui, pourquoi?

— Tim: Je voudrais que tu signes mon bulletin...

Autres thèmes

dans la collection

BLAGUES À L'ÉCOLE (3 livres)
BLAGUES EN FAMILLE (4 livres)
BLAGUES AU RESTO (1 livre)
BLAGUES AVEC LES AMIS (6 livres)
INTERROGATIVES (4 livres)
DEVINETTES (1 livre)
BLAGUES À PERSONNALISER (3 livres)
BLAGUES COURTES (2 livres)
BLAGUES CLASSIQUES (1 livre)
BLAGUES DE NOUILLES (2 livres)
BLAGUES DE GARS ET DE FILLES (2 livres)

200 BLAGUES
DE NOUILLES

La fermière nourrit ses poussins :
– Petits, petits, petits !
Robert (vrai nouille) qui passait par là
demande à la fermière :
– Et les gros ? Ils n'ont rien à manger ?

●

En promenade dans leur nouvelle
voiture, Paul dit à Éric qui est un peu
nouille :
– Hé ! Attention ! C'est écrit maxi-
mum 50 !
– Pas de problème, nous ne sommes
que deux !

●

Dans un musée d'art :
– Regarde, dit Jacques (nouille pas à
peu près) à Philippe, il n'y a pas de nom
sous ce tableau. Qui a peint ce drôle de
personnage ?
– Ce n'est pas un tableau, Jacques,
c'est un miroir...

●

— À qui écris-tu cette lettre?

— À moi-même.

— Que dit-elle?

— Je ne sais pas, je ne la recevrai que dans deux jours.

•

La juge dit à l'accusé qui est nouille:

— Vous êtes coupable. Je vous condamne à cent dollars d'amende.

— Oh, non madame la juge! Je mange vingt-cinq dollars d'arachides et je suis malade. Alors imaginez cent dollars d'amandes, je vais certainement en mourir!

•

Deux touristes visitent le Sahara. L'un d'eux saisit soudain son appareil pour prendre en photo une oasis.

— Laisse tomber, c'est un mirage!

— Aucune importance, répond l'autre, je n'ai pas mis de pellicule!

•

Deux fous se promènent dans le désert avec une porte d'automobile.

Le premier dit au second :

– Quand tu auras trop chaud, tu me le diras, je descendrai la vitre...

•

Un fermier trouve deux policiers enterrés dans son champ.

– Mais qu'est-ce que vous faites là ?

– Nous étions en train de poursuivre un voleur, mais il nous a semés !

•

Deux copains s'en vont visiter la Louisiane.

– C'est l'endroit idéal pour trouver des souliers de crocodile. Allons nous promener dans le bayou, dit l'un d'eux.

Ils s'installent sur le bord de l'eau et attendent.

– Tiens-toi prêt, dit son copain. Aussitôt qu'on aperçoit un crocodile, toi tu le retiens, et moi je lui enlève ses souliers !

•

– Sais-tu que ma mère a perdu cinquante livres en une seule journée ?
annonce Maude à son amie.
– Mais quel est son secret ?
– Sa bibliothèque a brûlé.

•

Deux pêcheurs sont installés au bord
de la rivière. Le premier commence par
pêcher une chaussure, puis une bouil-
loire et ensuite une vieille poêle à frire.
Après avoir découvert ces choses, le
second s'écrie :
– On s'en va, il y a certainement
quelqu'un qui habite là au fond de
cette rivière !

•

Un homme un peu nouille se casse
une jambe. Son médecin lui met un plâtre
et lui interdit de monter ou de descendre
des escaliers pour les trois prochains
mois.
Au bout des trois mois, l'homme
retourne voir son médecin. Ce dernier lui

enlève son plâtre et lui annonce qu'il est complètement guéri et qu'il pourra de nouveau monter et descendre des escaliers.

– Je suis bien content, docteur, car je commençais à en avoir assez de monter et de descendre de chez nous dans une échelle.

•

– Dis papa, pourquoi les peintres mettent toujours leur nom au bas de leurs tableaux?

– Pour savoir dans quel sens ils doivent les pendre au mur!

•

Un gars nouille se prépare à prendre un bain de pieds. Il verse de l'insecticide dans l'eau.

Son copain le regarde et lui demande:

– Pourquoi tu fais ça?

– C'est parce que j'ai des fourmis dans les jambes.

•

Deux idiots mangent des bananes :

– Que fais-tu, s'étonne l'un, tu n'enlèves pas la pelure ?

– Pourquoi faire ? Je sais ce qu'il y a dedans !

•

Deux passants se rencontrent dans la rue :

– Hé ! mon vieux Martin, tu as grandi, tu as grossi et tu as même perdu des cheveux ! Ce que tu as changé !

– Mais voyons, je ne suis pas Martin, je suis Robert.

– Ça alors, tu as même changé de nom ! ...

•

Un touriste qui visite l'Australie demande au réceptionniste de l'hôtel :

– Comment appelle-t-on les ascenseurs, ici ?

– Mais monsieur, comme partout ailleurs, on les appelle en appuyant sur le bouton !

•

Un voleur entre un soir chez monsieur et madame Dubé. Il prend un crayon, dessine un grand rond par terre et dit au couple :

– Vous allez vous tenir debout dans ce rond pendant que je cambriole la maison et pas question de sortir du cercle pour aller téléphoner à la police sinon... je tue votre chien ! Est-ce que c'est assez clair ?

Monsieur et madame Dubé se taisent et entrent dans le cercle. Le voleur remplit son sac de toutes les choses précieuses qu'il trouve et se sauve.

Madame Dubé demande alors à son mari, un peu nouille :

– Mais veux-tu me dire qu'est-ce que tu avais à rire tout bas pendant tout ce temps-là ?

– Hi ! Hi ! Je riais parce que pendant que le voleur était là, je suis sorti trois fois du cercle, j'ai mis deux fois la main sur le téléphone et le voleur n'a même pas tué le chien !

•

Au guichet du cinéma :

– Bonjour, je voudrais un billet s'il vous plaît.

– Bien sûr, monsieur. C'est pour «Le Fugitif»?

– Non, non. C'est pour moi!

●

Chez le médecin :

– Docteur, ça va mal. Chaque matin, en déjeunant, je suis atteint d'une très grande douleur.

– À quel endroit exactement?

– Juste ici, en haut du nez, entre les deux yeux.

– Je vois ce que c'est!

– Oh! oui, docteur? S'il vous plaît, dites-moi ce que je peux faire!

– Eh bien, vous pourriez peut-être essayer de penser à enlever la petite cuillère de la tasse quand vous prenez votre café!

●

Karl : Demain, j'ai un examen de maths et je ne comprends rien. Je suis découragé !

Christophe : J'ai un bon truc pour toi.

Karl : Quoi ?

Christophe : Tu n'as qu'à amener un ventilateur à l'école et à le placer sur ton pupitre.

Karl : Pour que j'aie moins chaud ?

Christophe : Non, pour qu'il te souffle les réponses !

•

Madame Valois a des maux de tête depuis des mois. Elle appelle son médecin.

– Docteur, j'ai encore très mal à la tête.

– Mais avez-vous pris les médicaments que je vous avais prescrits ?

– Je voulais les prendre, mais sur la bouteille c'était écrit : « Tenir_toujours_bien_fermé ».

•

Deux nouilles, Bill et Toto, sont en voyage à Londres. Ils font leur première promenade dans un autobus à deux étages. Bill va faire un petit tour au deuxième et redescend blanc comme un drap.

— Qu'est-ce qui t'arrive ? lui demande Toto.

— Écoute, j'ai juste une chose à te dire : moi je ne remonte plus là-haut, je t'avertis !

— Pourquoi ?

— Il n'y a même pas de conducteur !

•

— Sais-tu combien il faut de nouilles pour changer une ampoule ?

— Non.

— Trois. Un qui tient l'ampoule et deux qui tournent l'escabeau.

•

La cloche sonne et tous les élèves entrent en classe.

La prof : Bonjour Claude ! Alors, tu commences à trouver qu'il fait froid dehors ?

Claude : Oui.

La prof : C'est pour ça que tu as mis tes belles combinaisons bleues ?

Claude : Oui, mais comment avez-vous pu deviner ?

La prof : Très simple, tu as oublié de mettre ton pantalon !

•

Chez le médecin :

— Docteur, j'ai des haricots qui poussent dans mes oreilles !

— Mon Dieu, c'est bizarre !

— Ah ! oui, j'avais planté des concombres !

•

Dans un cours de cuisine :

— Et quand vous servez une tête de cochon, n'oubliez pas le persil dans les oreilles et la pomme dans la bouche.

— Monsieur, dit un élève au prof, vous ne trouvez pas qu'on va avoir l'air nouille comme ça ?

•

Un gars nouille se promène dans la rue et rit tout seul.

– Que faites-vous, monsieur ? lui demande un passant.

– Oh, je me raconte des blagues ! Et je viens de m'en conter une très bonne que je ne connaissais pas !

●

– Mon voisin s'est lancé dans l'élevage de poules.

– Est-ce que ses affaires vont bien ?

– Non, pas tellement. Il a fait faillite.

– Pourquoi ?

– Il plantait les œufs trop profondément !

●

Deux gars supernouilles sont assis sur le bord d'un lac et regardent un homme faire du ski nautique.

L'un dit à l'autre : Combien tu paries qu'il ne réussira pas à dépasser le bateau ?

●

Manuel: Maman, aujourd'hui j'ai été le seul qui a pu répondre à une question du professeur!

La mère: Bravo! Quelle était cette question?

Manuel: Qui a brisé la vitre pendant la récréation?

•

Deux nouilles discutent:

– Regarde les beaux biscuits que ma mère m'a donnés.

– Ah! Chanceux! Tu veux m'en donner?

– O.K. Si tu réussis à deviner combien j'en ai, je te les donne tous les huit!

•

Yan revient de sa partie de hockey.

– Papa! J'ai compté 4 buts!

– Wow! Bravo! Vous avez sûrement gagné haut la main!

– Euh... pas vraiment. J'ai lancé dans mon filet...

•

Au magasin :

– Je peux vous aider, madame ?

– Oui monsieur, je cherche des souliers de crocodile.

– Très bien, quelle pointure chausse votre crocodile ?

●

Trois naufragés ont trouvé refuge sur une île déserte en plein milieu de l'océan. Un jour, la marée leur apporte une vieille lampe sur la plage. Au moment où un des hommes la ramasse, un génie en sort et annonce qu'il va exaucer un vœu et un seul à chaque naufragé.

Le premier dit : Je veux revoir ma famille. Pouf ! Il disparaît.

Le deuxième fait son vœu : Je veux rentrer chez moi. Pouf ! Il disparaît aussi.

Le troisième réfléchit et dit : Je m'ennuie ici, tout seul, je veux que mes deux amis reviennent.

●

Un couple n'arrête pas de parler pendant un spectacle. Le monsieur assis juste derrière eux perd patience et leur dit :

— Pardon, mais je ne peux pas entendre.

— Ce que je dis à ma femme ne vous regarde pas! répond le bavard, une-nouille.

•

Comment les gens nouilles s'y prennent-ils pour faire leurs filets de pêche?

Ils font un paquet de trous et les attachent ensemble!

•

Deux fous vont se coucher. Quelques minutes après, un fou dit :

— Hé, dors-tu? Pas de réponse.

— Youhou! Dors-tu? Toujours pas de réponse.

— Hé! Pourquoi tu ne me réponds pas?

— Je ne peux pas, je dors.

•

Un monsieur nouille s'en va au cinéma et présente sa carte d'assurance-maladie au guichet.

– Mais monsieur, lui dit la caissière, que voulez-vous que je fasse de cette carte?

– Je m'en viens voir le film « Docteur Zhivago ».

•

Un homme se jette en bas d'un édifice de douze étages.

Arrivé en bas, il n'a rien senti.
Pourquoi?
Il avait le nez bouché...

•

La caissière du magasin : Patron! Patron! Regardez l'homme qui s'en va là-bas! Il vient de me payer avec de la fausse monnaie. Appelez vite la police!

Le patron : Comment pouvez-vous être sûre que son argent n'est pas vrai?

La caissière : Il a payé son achat avec un trois dollars.

•

— Véronica, dit le professeur, peux-tu nous montrer le Chili sur la carte? Véronica va au tableau et désigne le Chili.

— Très bien. Maintenant, Simon (qui est un peu nouille), peux-tu me dire qui a découvert le Chili?

— Euh... c'est Véronica, monsieur.

•

— Pourquoi tu transportes seulement un sac à la fois? demande le patron à un travailleur nouille. Tous les autres employés en transportent deux.

— Que voulez-vous, patron, les autres sont trop paresseux pour faire deux voyages!

•

Deux nouilles discutent:

— J'ai eu des skis nautiques en cadeau.

— Chanceux! Tu en fais souvent?

— Non, je n'ai pas encore trouvé de lac avec une pente.

•

Deux voleurs sont en train de cambrioler un appartement. Soudain, ils entendent du bruit dans le corridor.

— Vite, il faut se sauver! Sautons par la fenêtre!

— Es-tu fou? On est au treizième étage!

— Et puis? C'est pas le temps d'être superstitieux.

•

— Simon, as-tu changé l'eau de tes poissons?

— Non, ils n'ont pas encore fini de boire celle que je leur ai donnée hier!

•

— Il faut m'aider, dit un patient nouille à son psychiatre. Le plafond de ma chambre est couvert de ravissantes vedettes de cinéma.

— Où est le problème?

— Mais je dors sur le ventre!

Un homme qui vient de perdre son emploi est réveillé une nuit par un bruit.

— Pas un mot! lui dit le cambrioleur. Je cherche de l'argent.

— Bonne idée, répond le chômeur, je vais chercher avec vous!

•

Ding : As-tu bien remarqué où était l'endroit plein de poissons sur le lac, ce matin?

Dong : Oui, j'ai fait un X sur la chaloupe.

Ding : Voyons, espèce de nouille! On va avoir l'air fin si on n'a pas le même bateau cet après-midi!

•

— Je ne suis pas capable d'enfoncer un clou sans me cogner les doigts avec le marteau!

— Tu n'as jamais pensé à tenir le marteau à deux mains?

•

Pourquoi les gens nouilles ne man-
gent-ils pas de beignes?

Ils ont peur de tomber dans le trou.

•

– Docteur, mon mari se prend pour
un chien.

– Est-ce que ça vous dérange beaucoup?

– Seulement quand on passe à côté
des bornes-fontaines.

•

Comment est-ce qu'une nouille
attache ses chaussures?

Elle pose son pied droit sur une
chaise et lace son soulier gauche.

•

Au magasin:

– J'aimerais avoir un lit de fous.

– Un lit de fous?

– Oui, un lit pas de tête...

•

Un pilote d'avion un peu nouille appelle la tour de contrôle :

– Je suis complètement perdu. Pouvez-vous m'aider ?

– Donnez-nous votre hauteur et votre position.

– Un mètre quatre-vingts et je suis assis en avant.

•

Deux nouilles se promènent en voiture.

– Regarde la belle forêt !

– Où ça ? Je ne peux pas voir, les arbres me cachent la vue.

•

Maude : Luce, tu veux me donner ton numéro de téléphone ?

Luce : Je n'ai pas le temps maintenant. Appelle-moi ce soir, je te le donnerai.

•

La locataire : Monsieur, ça fait trois fois cette semaine que je vous appelle. Allez-vous finalement venir réparer ma sonnette ?

Le propriétaire : Écoutez, madame, je suis allé chez vous hier matin et ce matin, mais personne ne m'a répondu alors je suis reparti.

•

Monsieur Leblanc est tout au haut de l'escabeau, en train de peindre sa maison.

Son copain (vraiment nouille) lui dit : J'ai besoin de l'escabeau ! Tiens-toi bien, je prend l'escabeau et je reviendrai dans quelques minutes.

•

Pourquoi les gens nouilles achè- tent-ils toujours des porte-monnaie à l'épreuve de l'eau ?

Pour transporter de l'argent liquide.

•

Une agente de police arrête un automobiliste.

– Monsieur, vous venez de passer sur un feu rouge.

– J'espère que je ne l'ai pas brisé.

•

Comment appelez-vous un chien qui n'a pas de pattes?

Vous ne l'appelez pas, vous allez le chercher.

•

– Sais-tu comment reconnaître un marin nouille dans un sous-marin?

– Non.

– C'est celui qui a un parachute.

•

Connaissez-vous l'histoire du gars qui est allé prendre une marche?

Il est revenu avec un escalier!

•

Maman, maman, Pierrot est en train de manger le journal!

– Ce n'est pas grave, c'est celui d'hier.

•

Dans la salle d'opération :

– Docteur, dit le patient, je vous ai reconnu, vous pouvez enlever votre masque !

•

– Qu'est-ce que tu fais avec une règle dans ton lit ?

– C'est pour savoir si je dors profondément !

•

– Pourquoi as-tu fait un trou dans ton parapluie ?

– Parce que je veux savoir quand la pluie va cesser !

•

Mélanie conduit la belle voiture de son père. Elle se rend au centre-ville et se met à faire le tour de l'hôpital. Une fois, deux fois, trois fois. Un policier qui l'observe depuis un moment est vraiment intrigué par sa conduite.

– Hé, mademoiselle! Vous avez un comportement bien étrange. Pouvez-vous me dire ce que vous faites là?

– Ben, je viens juste d'avoir mon permis de conduire et c'est la première fois que je conduis seule. Je veux être sûre d'être près de l'hôpital quand l'accident va arriver...

•

Un nouveau cirque vient d'arriver en ville. Tout à coup, un bruit assourdissant attire l'attention et la tente du cirque s'effondre.

Puis on entend quelqu'un crier: Qui est cette nouille qui a donné de la poudre à éternuer à l'éléphant?

•

– Savez-vous comment faire patien-
ter quelqu'un?

– Bien sûr!

– Comment faites-vous?

– Je vous le dirai plus tard!

•

Le juge : Il semble que l'accusé ne
nous dise pas la vérité.

L'avocat : Pourquoi dites-vous cela,
monsieur le juge?

Le juge : Parce qu'il vient de nous
dire qu'il n'a qu'un seul frère, et ce
matin sa soeur nous a dit qu'elle avait
deux frères...

•

Chez le photographe :

– Bonjour, je voudrais faire prendre
des photos pour mon passeport.

– Très bien. Vous les voulez tout de
suite?

– Quoi? Vous en avez déjà en stock?

•

La mère : Laurence, je t'ai déjà dit de ne pas laisser traîner tes noyaux partout sur la table quand tu manges des raisins. Mets-les tous ensemble sur le coin de ton assiette.

Laurence : Mais maman, j'ai beau chercher, je ne trouve pas de coin à mon assiette.

•

Complètement nouille ce Claude.

Le prof : Claude, combien pèse un éléphant de trois tonnes ?

Claude : Euh...

Le prof : Bon, je vais t'aider. Écoute bien : de quelle couleur était le cheval blanc de Napoléon ?

Claude : Blanc.

Le prof : Très bien ! Maintenant, combien pèse un éléphant de trois tonnes ?

Claude : Blanc.

•

Anne-Marie rencontre son ami Claude, eu peu nouille, et qui pleure à chaudes larmes.

– Qu'est-ce que tu as, mon pauvre Claude?

– J'ai perdu mon chien.

– Tu n'as qu'à mettre une petite annonce dans le journal!

– Mais mon chien ne sait même pas lire!

●

Un homme se promène dans le sens contraire des voitures sur l'autoroute.

Il ouvre la radio et entend: Soyez prudents, un fou se promène à l'envers sur l'autoroute!

Il referme la radio et dit: Ouais, et il n'est pas tout seul!

●

Deux nouilles se promènent en voiture. En descendant une grosse côte, celle qui conduit se rend compte que les freins ne fonctionnent plus.

— Hiiiii! Il n'y a plus de freins! C'est la catastrophe!

— Mais non, ne t'inquiète pas! Je passe souvent ici, il y a un stop en bas de la côte.

•

Patrice aperçoit son amie Ginette qui se donne des coups de marteau sur la tête.

— Mais qu'est-ce qui te prend? Pourquoi fais-tu ça?

— Ça me fait tellement de bien quand j'arrête!

•

Un homme arrive en ville en transportant des pingouins dans sa camionnette. Il rencontre un copain un peu nouille:

— Salut mon vieux! Tu me rendrais un service? Voici 200$, peux-tu amener ma cargaison de pingouins au zoo?

– Bien sûr, compte sur moi ! Quelques heures plus tard, le camionneur rencontre de nouveau son copain nouille, qui a toujours les pingouins avec lui.

– Mais, tu n'as pas amené mes pingouins au zoo ?

– Oui, mais il restait de l'argent, alors je les ai emmenés au cinéma !

•

Un drôle de bonhomme se promène sur la rue en traînant une longue corde derrière lui. Comme il a l'air vraiment louche, un policier qui l'aperçoit décide de le suivre. Au bout d'un moment, le drôle de bonhomme se retourne et demande au policier :

– Avez-vous vu l'homme invisible ?

– Non.

– Si jamais vous le croisez, vous lui direz que j'ai trouvé son chien invisible.

•

Jocelyn est allé jouer chez son ami Bruno.

– Bruno, il me semble que ça fait pas mal longtemps que je suis arrivé ici. Quelle heure il est ?

– Euh, il est moins dix.

– Quoi moins dix ?

– Je ne sais pas, j'ai perdu la petite aiguille !

•

Un fou arrosait ses plantes avec un arrosoir vide.

Le médecin lui demande :

– Pourquoi faites-vous ça ?

– Parce que ce sont des plantes artificielles.

•

Demandée : Dactylo pour copier des documents secrets. Ne doit pas savoir lire.

•

Un homme entre dans un dépanneur.

Il demande à un gars au comptoir :

– C'est toi, Roger ?

– Oui !

Et voilà l'homme qui se met à tapocher Roger. Bing ! Bang ! Roger se retrouve à terre et l'homme s'en va en bougonnant.

Le pauvre gars par terre n'arrête pas de rire comme un vrai fou !

– Mais qu'est-ce que t'as à rire ? lui demande le caissier.

– Hi ! Hi ! Hi ! C'est même pas moi, Roger !

●

Deux fous sont en prison. Un des deux dessine sur le mur de la cellule.

– Tu es fou ! lui dit son compagnon. Arrête ça tout de suite. S'ils te voient faire, on pourrait se faire renvoyer !

●

– Mon frère joue du violon depuis vingt ans.

– Il doit être un virtuose?

– Pas vraiment. Ça lui a pris 19 ans pour découvrir qu'il lui fallait un archet.

•

Deux nouilles discutent:

– Est-ce que tu sais ce que c'est que les petites lumières qui brillent dans le ciel?

– Oui, ce sont les lampes de poche des extraterrestres!

•

Un gars un peu nouille vient d'acheter un paquet d'allumettes. Il en gratte une, mais elle ne s'allume pas. Il en gratte une autre, et une autre, mais même résultat. Heureusement, la quatrième s'allume.

– Bon! Celle-là je peux la garder! dit-il en la remettant dans la boîte.

•

Olivier s'en va au magasin de jouets et revient avec un superbe casse-tête. De retour à la maison, il s'installe dans sa chambre et ouvre la boîte. Surprise! Elle est vide! Il retourne aussitôt voir l'employé qui lui a vendu ce satané casse-tête.

– Mais! lui dit le vendeur, vous m'aviez pourtant demandé un casse-tête sans morceau! (100 morceaux).

•

Trois hommes étaient assis sur un banc dans un parc public. Celui du centre lisait son journal. Les deux autres à ses côtés faisaient semblant de pêcher. Ils accrochaient un leurre imaginaire à leur ligne, exécutaient des lancers légers, ramenaient des poissons tout aussi sortis de leur imagination, relançaient leur ligne.

Un policier s'arrêta en voyant leur curieux manège. S'approchant, il demanda à celui qui lisait son journal s'il connaissait ses deux voisins.

Ce dernier admit qu'ils étaient ses amis.

— Dans ce cas, fit le policier, vous feriez mieux de les faire sortir du parc.

— Oui, chef! répondit l'homme qui se mit à ramer comme un forcené.

●

— Sais-tu comment on reconnaît la tasse des nouilles?

— Non.

— L'anse est à l'intérieur.

●

Un monsieur se promène sur la route entre Montréal et Québec en regardant toujours par terre. Un policier s'arrête près de lui et lui demande ce qu'il fait.

— Je cherche ma montre.

— C'est ici que vous l'avez perdue?!!!

— Non, à Montréal, mais quand je l'ai perdue, elle marchait!

●

Dans l'avion :

– Veuillez attacher vos ceintures !
demande l'agent de bord.

– Je suis désolé, répond un passager
nouille, mais moi je ne porte que des
bretelles !

•

– Mon voisin a mis deux jours à
remplir sa salière.

– Pas sérieux ! Comment ça ?

– Il faisait entrer le sel par les petits
trous du couvercle !

•

Deux amis, genre nouille, sont sur
le toit d'un édifice de vingt étages. Ils
aperçoivent deux pièces de vingt-cinq
cents dans la rue.

L'un dit à l'autre : Hé ! Regarde ! Il y
a de l'argent en bas. On saute ?

Le lendemain matin, on pouvait lire
dans le journal : « Deux hommes se tuent
pour deux couvercles de poubelles » !

•

Un fou se rend chez son médecin :

– Docteur! docteur! C'est une catastrophe! Je suis incapable de mettre mon coude droit dans ma main droite!

•

Mathieu va visiter le Texas, où tout est plus gros qu'ailleurs. Au restaurant, il commande un verre de jus. Le serveur lui apporte un tonneau de jus.

– J'avais juste demandé un verre!

Ensuite, il demande un paquet de gomme. Le serveur lui remet une caisse pleine de gommes à mâcher.

– J'avais juste demandé un paquet!

Puis il demande où se trouve la salle de bain.

– Au fond du couloir, dernière porte à gauche, lui répond le serveur. Mathieu se trompe de porte et tombe dans la piscine. Il se dépêche de crier :

– Ne tirez pas la chaîne!

•

1er voisin : Alors, comment trouves-tu ma nouvelle salle de bain ?

2e voisin : Très belle ! Mais pourquoi as-tu installé le bain à la verticale ?

1er voisin : C'est pour ma femme.

2e voisin : Comment ça pour ta femme ?

1er voisin : C'est parce que son esthéticienne lui a suggéré de prendre des bains debout (de boue).

•

C'est le jour de la rentrée scolaire pour Simon, qui commence sa quatrième année. Le professeur donne à chaque élève un petit questionnaire à remplir.

Le prof : Simon, franchement ! Les vacances sont finies, tu sais. Il faudrait que tu sortes de la lune !

Simon : Pourquoi dites-vous ça ?

Le prof : À la question « Nom des parents », tu as répondu « Papa et maman » !

•

Maude : Maman, qu'est-ce que tu as dans ton ventre ?

La mère : C'est un petit bébé.

Maude : Est-ce que tu l'aimes, ce petit bébé ?

La mère : Oh oui ! Je l'aime autant que je t'aime toi, ma chérie !

Maude : Ouais, mais alors pourquoi tu l'as mangé ?

●

Un homme, très très nouille, vient de louer une chambre dans un grand hôtel. Il se dirige vers l'ascenseur et appuie sur le bouton. Une demi-heure plus tard, l'employé à la réception l'aperçoit encore planté devant l'ascenseur.

– Mais que faites-vous là ? Vous ne montez pas ?

– Mais j'attends toujours du monde. C'est écrit ici : « Capacité 10 personnes ».

●

Karine accepte d'aller garder les jumelles de sa voisine.

– Mais comment je vais faire pour les reconnaître ? demande-t-elle à la maman.

– Facile ! Regarde bien : Julie, c'est celle qui est à gauche d'Annie !

●

Charles : Maman, j'ai tellement mal aux orteils !

La mère : Mais mon pauvre chéri, tu as mis tes souliers dans les mauvais pieds.

Charles : Mais, maman ! Qu'est-ce que tu veux que je fasse ! Je n'en ai pas d'autres !

●

Drrring !

– Allô ?

– Bonjour, c'est ta voisine (un peu nouille, cette voisine).

– Ça va ?

– Non, pas vraiment.

– Pourquoi ?

– L'autre jour, tu m'as dit que je pouvais faire deux fois plus de biscuits en doublant tout ce qui est mentionné dans la recette. Mais c'est impossible!

– Comment ça?

– Mon four ne se rend pas à 700 degrés!

•

Maxime : Connais-tu l'histoire du papa, très nouille, qui avait de la difficulté à endormir ses enfants le soir?

Audrey : Non.

Maxime : Il leur chantait des chansons à répondre.

•

En revenant du travail, madame Auger trouve son fils assis sur le chien.

– Mais veux-tu bien me dire ce que tu fais là?!

– C'est parce que mon prof nous a demandé de faire une composition sur l'animal de la maison.

•

Valérie : C'est assez bizarre ce que tu me dis là ! Il me semble que c'est plutôt difficile de tuer un chat en le lavant !

Yan, une vrai nouille, répond : Oui, mais ce n'est pas en le lavant que je l'ai tué. C'est parce que je l'ai fait sécher dans la sécheuse...

●

Deux amis qui ne se voient pas souvent sont au parc.

– J'ai une chose à te proposer. Que dirais-tu qu'on se donne rendez-vous tout de suite pour l'année prochaine, ici même, même jour, même heure ?

– D'accord ! Alors à l'année prochaine, moi je dois partir !

Un an se passe. Les deux copains se rencontrent comme convenu.

– Hé ! Salut ! Je suis content que tu aies pensé de venir au parc.

– Mais qui t'a dit que j'étais parti ?

●

Deux amis sont à la plage.
– Tu ne te baignes pas?
– Oh non!
– Pourquoi?
– La dernière fois que je suis allé chez le médecin, il m'a dit que j'avais une santé de fer!
– Et puis?
– J'ai bien trop peur de rouiller!

•

Deux copains nouilles sont au cinéma.
– Je te gage un dollar que le héros va sauter en bas du pont.
– Moi, je te gage qu'il ne sautera pas.
Et le héros saute.
– Ah non! J'ai perdu!
– Écoute, j'ai un peu triché... Pour être franc, j'avais déjà vu le film.
– Moi aussi, je l'avais déjà vu! Mais jamais je n'aurais pensé qu'il sauterait une autre fois!

•

– Papa! Aujourd'hui j'ai réussi à voler trois buts à ma partie de baseball!

– Wow! Je te félicite! Ton équipe a sûrement gagné?

– Je n'ai pas pu le savoir, les policiers m'ont arrêté avant la fin!

•

Le policier: Monsieur, vous venez de passer sur un stop.

L'homme: J'espère que je ne l'ai pas brisé!

Le policier: Hé le comique! Vous êtes mieux d'arrêter vos farces plates sinon je vous donne une amende.

L'homme: Hum, je n'aime pas tellement les amandes. Mais je prendrais bien des arachides!

•

Un fou s'inscrit à des cours de peinture et tue son modèle.

Il voulait peindre une nature morte!

•

Un gars vraiment nouille qui roule à toute vitesse se fait arrêter par un policier.

– Dites donc, vous! Les limites de vitesse, ça ne vous dit rien? Je vais être obligé de vous donner un billet!

– Ah bon! C'est pour quel tirage?

•

Deux amis nouilles essaient de faire un feu.

– Alors, ça vient? demande l'un d'eux.

– Je n'arrive pas à allumer cette allumette!

– Pourquoi?

– Je ne comprends pas! Pourtant, quand je l'ai essayée tantôt, elle s'est allumée du premier coup!

•

La mère: Bon! Alex a le nez qui coule lui aussi! Sophie, on dirait que tu as donné ton rhume à ton frère.

Sophie: Je ne pense pas, je l'ai encore!

— Il y a une souris qui se cache dans mon sous-sol et je ne sais pas comment l'attraper.

— Je peux te donner un bon truc (un vrai truc de nouille).

— Oui, qu'est-ce que c'est ?

— C'est la méthode de la pointe de tarte.

— Explique-moi donc ça.

— Voilà : chaque matin, tu descends dans le sous-sol et tu mets un œuf et une pointe de tarte dans le trou de la souris. Tu fais ça quatre jours de suite.

— Et ensuite ?

— Le cinquième jour, tu ne mets que l'œuf. Tu attends quelques minutes et tu vas voir apparaître la souris qui va te demander où est la pointe de tarte. C'est à ce moment-là que tu l'attrapes !

•

Monsieur Jutras va visiter son voisin très très nouille, monsieur Saint-Jean.

— Bonjour ! Quoi de neuf ?

— Eh bien, j'ai un chien à présent.

— Où est-il?

— Juste là, à côté de la tondeuse. Dès que monsieur Jutras s'avance pour caresser le bel animal doré, le chien lui saute dessus et l'attaque sauvagement. D'une toute petite voix, monsieur Jutras dit à son voisin:

— Il est donc bien agressif! Où l'as-tu pris, ton chien?

— Ah, c'est mon cousin qui vit en Afrique qui me l'a envoyé. Quand je l'ai reçu, il faisait peur à voir avec ses poils longs autour de la tête. J'ai alors décidé de les lui couper!

•

Au restaurant:

— Je vais prendre une poitrine de poulet sans frites, s'il vous plaît.

— Je suis désolé, monsieur, il ne reste plus de frites. Est-ce que je peux vous servir une poitrine de poulet sans patates pilées?

Madame Giguère envoie son garçon au bureau de poste.

– Tu es déjà revenu?

– Oui.

– Tu as bien posté la lettre que je t'avais donnée?

– Oui, oui! Et voici l'argent pour le timbre.

– Comment ça?

– Maman, tu vas être contente, je t'ai fait économiser. Au moment où l'employé au comptoir regardait ailleurs, j'ai vite mis la lettre sans timbre dans la boîte et personne ne m'a vu!!!

●

Un policier arrête un automobiliste très très nouille pour excès de vitesse.

– Monsieur, vous roulez à 120 km/h dans une zone de 50 km/h. Où allez-vous à cette vitesse?

– C'est que mes freins sont brisés, et je me dépêchais d'arriver à la maison avant d'avoir un accident!

Deux nouilles discutent :
– Je viens d'inventer une fusée pour aller jusqu'au soleil !
– Mais tu vas te brûler !
– Mais non, pas de danger ! Je vais y aller la nuit !

– Sais-tu pourquoi les nouilles ne ferment pas la porte quand ils vont aux toilettes ?
– Non.
– Pour être bien sûrs que personne ne regarde par la serrure !

Deux nouilles discutent :
– C'est vrai que depuis ton mariage tu n'es pas sorti une seule fois avec ta femme ?
– Absolument ! Pas question que je sorte avec une femme mariée !

Lors d'une réception :

– Alors, garçon (qui est un peu nouille), les glaçons que je vous ai demandés, vous me le apportez ?

– C'est que je les ai rincés à l'eau chaude, et je ne les trouve plus...

●

Deux nouilles sont sur la route dans un camion de 4 mètres de hauteur. Ils croisent un viaduc où un panneau indique : « Hauteur libre 3 mètres ».

Les deux nouilles s'arrêtent et regardent attentivement alentour.

Puis l'un dit à l'autre : C'est beau, tu peux y aller ! Il n'y a pas de policiers en vue !

●

Une compagnie d'électricité, cherche des artisans pour installer des poteaux de téléphone. Trois se présentent, dont un artisan nouille.

On leur fait faire un essai, et leur donne 25 poteaux chacun à installer en dix heures.

Le premier artisan en installe 24.

Le second 25. Quand à l'artisan nouille, lui il en installe 4.

La compagnie trouve étrange que l'un des trois artisans n'ait installé que quatre poteaux et demande à l'artisan nouille comment cela a bien pu se faire. L'artisan nouille répond que les autres ont triché, car ils ne les ont pas plantés jusqu'au bout.

•

Deux amis jouent au parc. L'un dit à l'autre :

— Regarde le chien à côté de la balançoire. Depuis qu'on est arrivé, il n'arrête pas de m'observer !

— C'est le chien de mon voisin, le scientifique. C'est un animal très intelligent.

— Et c'est pour ça qu'il me fixe sans arrêt ?

— Oui, il est capable de reconnaître les nouilles quand il en voit !

•

DRRRRRING!

– Ici le poste de police.

– Venez vite m'aider!

– Que se passe-t-il, madame?

– C'est mon facteur. Il est devenu dangereux!

– Comment ça?

– Le méchant est grimpé dans un arbre et s'amuse à agacer mon chien!

•

C'est deux sportifs qui se promènent sur la rue.

Le premier dit à l'autre : Veux-tu faire de l'exercice?

Le deuxième accepte. Alors ils enlèvent leurs manteaux et commencent à pousser sur un mur de ciment.

Plus tard un gars passe et ramasse les manteaux.

Un des deux sportifs se retourne et dit: Arrête, on est rendus trop loin, on ne voit plus nos manteaux.

•

Un homme nouilles appelle son médecin :

– Docteur, ça fait trois jours que mon ami se tient sur la table du salon.

– Que fait-il là ?

– Il se prend pour une lampe.

– Mais envoyez-le moi tout de suite !

– Mais avec quoi vais-je m'éclairer en attendant ?

•

Deux nouilles s'en vont à la chasse au canard. Après toute une matinée à chasser, ils n'ont toujours rien attrapé.

– C'est étrange, dit l'un d'eux.

– Oui, répond son copain, peut-être qu'on ne lance pas le chien assez haut !

•

Sammy : Mon voisin a une maison ronde.

Yves : Pourquoi ?

Sammy : Pour ne pas que son chien fasse pipi dans les coins !

•

– On a fait une greffe de cerveau à un idiot.

– Ça s'est bien passé?

– Pas tellement. Le cerveau a rejeté l'idiot!

●

Laurent: Tu sais qu'on descend du singe?

Éric: Toi, ça ne m'étonne pas! Mais moi, je descends de mon père et de ma mère!

●

Un conducteur demande à un pompiste quelque peu nouille:

– Après avoir fait le plein, pouvez-vous vérifier les pneus s.v.p.?

Le pompiste remplit le réservoir, puis fait le tour du véhicule:

– Un, deux, trois, quatre... Vous pouvez y aller sans risque, il sont tous là!

●

Deux nouilles se promènent dans la rue. Un des deux trouve un miroir par terre. Il le ramasse, se regarde et dit : Il me semble que ça ressemble à quelqu'un que je connais !

Son ami prend le miroir à son tour, regarde et répond : Mais oui, c'est moi !

•

– Comment reconnaît-on l'ordinateur d'une nouille ?
– Je ne sais pas.
– Il y a des taches de liquide correcteur sur l'écran !

•

Deux amoureux nouilles et timides se fréquentent depuis quinze ans. Un beau matin la fille ne peut plus résister et elle dit à son prétendant :
– Oscar, ne croyez-vous pas qu'il serait temps de songer à nous marier ?
– Je veux bien, répond-il pensivement, mais qui voudra de nous ?

•

Le chirurgien passe dans la chambre de son patient :

— Avez-vous de la température ?

— Non, je ne dois plus en avoir, l'infirmière me l'a prise tout à l'heure !

●

Le professeur demande aux trois nouilles :

— Est-ce qu'une bicyclette peut avoir des bébés ?

— Oui, répond le premier.

— Retourne étudier ! lui dit le prof.

Le deuxième répond oui, lui aussi, mais le troisième dit : mais non, voyons !

Ah ! se dit le prof, enfin un qui a compris !

— C'est évident, continue le troisième, c'est une bicyclette de gars !

●

Le petit Isaac rentre chez lui, tout content, et il dit à son père :

— Papa, tu sais, j'ai gagné au moins dix dollars aujourd'hui...

— Ah! Oui? Comment t'as fait?

— J'ai couru après l'autobus et au lieu de le prendre, j'ai couru jusqu'au bout!

— Petit tu es nouille! Si tu avais seulement couru après un taxi, tu aurais gagné dix fois plus...

•

Une dame nouille et affolée téléphone à son docteur:

— Docteur, le petit vient d'avaler la moitié d'une bouteille d'encre.

— Qu'est-ce que vous avez fait?

— Eh bien, on lui a fait manger du papier buvard. Je suppose qu'on a bien fait, non?

•

Un fabricant d'échelles s'est trouvé ruiné par les indemnités qu'il a dû verser à ses clients nouilles, victimes d'accidents en série.

Il avait oublié de faire figurer le mot « stop » sur le dernier échelon.

•

Deux hommes nouilles sont à la chasse; ils voient passer un deltaplane. Le premier épaule et tire :

— Bah, tu l'as raté!!!

— Oui, mais il a lâché sa proie.

•

Un propriétaire un peu nouille veut vendre sa maison et fait venir un agent immobilier. Deux jours plus tard, l'agence le prévient qu'ils ont un acquéreur.

— Je ne vends plus ma maison, dit le vendeur. J'ai changé d'avis ! J'ai lu votre annonce et je ne me rendais pas compte à quel point cette maison était idéale !

•

Jules, un peu nouille, ne comprend pas le jeu de hockey : Hé, les gars! Je peux jouer avec vous au hockey?

Les copains: D'accord, tu joueras avant.

Jules: Ah... Moi, j'aurais préféré jouer en même temps que vous.

•

Un gars nouille emprunte le malaxeur de son voisin pour faire des gâteaux, mais il n'arrive pas à mélanger la pâte. Il se dit qu'il réussira sûrement mieux le lendemain et va se coucher. Il recommence le matin suivant et n'arrive toujours pas à mélanger. La farine et le beurre sont pleins de grumeaux, le lait reste sur le dessus.

L'idiot se dit :

— J'imagine que ça demande beaucoup d'entraînement. Je vais recommencer demain et ça ira mieux.

Mais le lendemain, c'est aussi pire.

Après une semaine d'échecs, il dit à son voisin :

— Je n'arrive toujours pas à faire des gâteaux avec ton malaxeur, et en plus il me fait tellement mal au bras !

— Pauvre toi, je vais aller voir ce qui se passe.

Le voisin entre, prend le malaxeur, le met en marche...

— Oh ! demande alors le gars nouille, qu'est-ce que c'est que ce petit bouton que tu viens de pousser ?

•

Deux nouilles se promènent sur le trottoir. Soudain, ils aperçoivent une peau de banane.

– Ah non; s'écrie l'un d'eux.

– Quoi? Quoi? répond l'autre.

– On va encore tomber.

•

Un touriste américain se noie dans le fleuve Saint-Laurent.

– «Help!» «Help!» hurle-t-il. Deux nouilles sur la rive le regardent.

– Celui-là, dit l'un d'eux, au lieu d'apprendre l'anglais, il aurait mieux fait d'apprendre à nager.

•

Chez le médecin:

– Docteur, j'ai toujours faim. Je n'en peux plus d'avoir toujours l'estomac dans les talons.

– Bon, enlevez vos chaussures, nous allons regarder ça.

•

Deux supernouilles sont à l'épicerie. L'un d'eux se couche par terre devant un étalage.

— Mais que fais-tu ? lui demande son copain.

— Je cherche les bas prix.

•

C'est un homme (il faut qu'il soit nouille) qui pousse sa BMW toute neuve sur l'autoroute. Un gendarme s'arrête et lui demande de quel type de panne il s'agit.

— Non, elle n'est pas en panne, répond l'homme. Elle est toute neuve, mais le garagiste m'a dit, pendant le rodage, 50 km/h, et sur l'autoroute, il faudra la pousser un peu. Alors, c'est ce que je fais!!!

•

Savez-vous pourquoi le chien des nouilles ont le nez plat ?

C'est parce qu'ils courent après les autos arrêtées.

•

Deux nouilles discutent:

— Qu'as-tu fait pendant que je préparais le repas?

— J'ai fait sécher mes cheveux.

— Ah oui? As-tu eu beaucoup de difficulté à les mettre sur la corde à linge?

•

Samuel: Peux-tu me faire une phrase avec le mot sel?

Louis: D'accord. Hier soir, j'ai mangé des frites.

Samuel: Où est le sel?

Louis: Sur les frites.

•

Chez le médecin:

— Docteur, depuis un mois mon mari se prend pour un réfrigérateur et ça m'épuise.

— Pourquoi?

— Il dort la bouche ouverte et la petite lumière m'empêche de m'endormir.

•

Le prof : Combien font sept plus huit ?

L'élève : Euh... je ne sais pas.

Le prof : Écoute, tu as juste à imaginer que tu as une petite calculatrice dans la tête. On recommence. Concentre-toi, maintenant. Alors, combien font sept plus huit ?

L'élève : Euh... je ne peux pas répondre, la pile est usée.

•

Madame de la Rochellière vient d'engager un nouveau valet de chambre. Elle lui explique comment il doit se comporter, comment faire le service, etc.

Elle ajoute d'un ton sévère :

— Et notez bien que le petit-déjeuner se sert tous les matins à huit heures !

— Très bien, Madame, lui rétorque le valet. Mais si je suis en retard, ne m'attendez pas, commencez sans moi !

•

Un bandit se cache dans un centre d'achats. Le chef de la police est là avec tous ses hommes.

– Ne le laissez surtout pas s'échapper.

Quelques minutes plus tard, un policier, avec un air de nouille, se présente au chef:

– Le voleur s'est échappé.

– Mais comment ça? Je vous avais pourtant dit de surveiller toutes les sorties.

– Je sais, mais il s'est sauvé par une entrée.

•

C'est une fois deux nouilles qui sont dans une cour d'hôpital psychia-trique.Le premier dit à l'autre d'aller voir si il y a une clôture pour se sauver. Trente minutes plus tard, le gars est de retour.

– Il n'y a pas de clôture, on ne peut donc pas se sauver.

•

Un gars très nouille entre dans une quincaillerie et demande à acheter une boîte de 2 pouces de largeur et de hauteur sur 150 de longueur.

– Qu'est-ce que tu vas faire avec ça ? demande le vendeur.

– Je déménage et je voudrais emballer ma corde à linge.

•

Deux nouilles font une balade en bicyclette. À un moment donné, le premier s'arrête, descend de sa bicyclette et dégonfle ses pneus.

Le second lui demande ce qu'il peut bien faire. Il lui répond qu'il baisse son siège qui était trop haut.

Alors le second descend à son tour et enlève son siège, démanche son volant et met l'un à la place de l'autre.

Le premier lui demande à son tour ce qu'il peut bien faire.

– Je retourne chez moi parce que tu es trop niaiseux.

•

Chez le vétérinaire :

— Mon vieux chien adoré est devenu fou.

— Qu'est-ce qui vous fait dire ça ?

— Vous savez, ça fait déjà quelques mois qu'il n'est plus capable de marcher et hier, il s'est mis à danser la salsa.

— Mais voyons, il ne peut pas être capable de danser.

— C'est ce que je vous dis, il est devenu fou.

•

Savez-vous pourquoi le rouleau de papier de toilette pour les nouilles a 3 mètres de plus long que les rouleaux ordinaires ?

C'est pour les instructions.

•

Deux vraies nouilles sont dans un jardin et l'une d'elles plante des presse-purée.

— Ca sert à quoi ? demande l'autre.

– C'est pour éloigner les girafes.

– Mais il n'y a pas de girafe ici!

– C'est normal puisque je plante des presse-purée.

•

– Mes deux frères sont jumeaux et ils n'ont jamais besoin de miroir.

– Pourquoi?

– Ils n'ont qu'à se regarder l'un l'autre.

•

On amène un fou à l'asile. Il s'écrie:

– Ne me touchez pas, je suis l'envoyé de Dieu.

De sa fenêtre un autre fou lui répond:

– Ne l'écoutez pas, je n'ai envoyé personne.

•

Pourquoi les gens nouilles couchent-ils avec leur fusil?

Pour tirer la couverture quand ils ont froid.

•

Un gars, nouille pas à peu près, est couché sous son auto avec son appareil photo.

Sa femme lui demande ce qu'il y fait. Il répond :

Je pose mes pneus d'hiver.

•

Deux voleurs très très nouilles discutent :

— Et puis, comment s'est passée ta journée ?

— Pas mal du tout, cet après-midi j'ai cambriolé une banque.

— Combien d'argent as-tu volé ?

— Je ne sais pas, j'attends de le lire dans le journal de demain.

•

Un petit garçon un peu nouille donne du fil à retordre à son institutrice car il n'arrête pas de la tutoyer en classe.

— Madame, tu peux venir voir ce que j'ai fait ?

La maîtresse lui répète jour après

jour de bien vouloir la vouvoyer, mais rien n'y fait. Elle décide alors de lui infliger une légère punition.

– Tu me copieras 50 fois « je dois vouvoyer la maîtresse d'école ». Pour demain !

Le lendemain matin, il apporte ses copies à sa maîtresse, et elle constate qu'il n'a pas écrit 50 lignes, mais 100 lignes ! Elle lui demande alors, étonnée :

– Mais enfin, pourquoi as-tu écrit 2 fois plus de lignes ?

Et là, timidement, avec un petit sourire, il répond :

– C'est pour que tu sois contente, maîtresse !

•

Ce gars est nouille et tellement nul qu'il rate tous ses examens. Pour tout dire, à la visite médicale, il a même échoué à son examen d'urine !

•

Deux policiers sont en train de rédiger un rapport :

– Dis Léon, comment ça s'écrit « téléphone », avec un « f » ou avec « ph » ?

– Avec « ph ».

– Merci, parce que je confonds toujours avec « télégraphe ».

•

C'est le directeur d'une grande entreprise qui demande à son employé de réserver un billet d'avion. L'employé revient au bout d'un moment et dit à son patron :

– Monsieur, à Air France, ils m'ont répondu que c'était complet. À Air Inter, complet également. À Air Liquide, ils m'ont répondu que j'étais nouille.

•

Un voyageur nouille va prendre le train. Avant, il va se choisir un bouquin dans la librairie de la gare.

– Madame la libraire, donnez-moi un livre.

– Oui monsieur, quel auteur voulez-vous ?

– Comment de quelle hauteur ? Oh, ça n'a pas d'importance, pourvu qu'il entre dans le wagon !

•

Le juge : Pourquoi avez-vous volé un complet neuf !

Le prévenu : Pour pouvoir me présenter décemment devant la justice de mon pays !

•

Un homme nouille dit à un de ses amis : Dans un avion hier, j'étais assis à côté d'une dame et son bébé. L'hôtesse est venu et a dit à la mère : « madame votre bébé est mouillé, je vais vous le changer ». Quand elle l'a ramené, je n'ai rien dit, mais j'ai bien vu que c'était le même.

•

C'est une fois un gars nouille et un menuisier. Ils vont réparer le toit d'une grange. Rendu en haut, le gars nouille jette l'échelle en bas.

Le menuisier dit : Tu es malade ! Comment on va faire pour descendre ?

Le gars nouille lui répond : Tu vas voir, on descendras bien...

Quelques heures plus tard, quand le toit est fini d'être réparé, le menuisier voit le gars nouille en bas.

Le menuisier lui dit : Comment t'as fait pour descendre ?

Le gars nouille lui répond : Ben j'ai sauté dans le tas de fumier !

Le menuisier : Tu n'as pas calé ?

Le gars nouille lui répond : Ben non, juste jusqu'aux chevilles.

Le menuisier saute et il cale jusqu'à la bouche.

Le menuisier : Comment ça se fait que toi t'as calé seulement jusqu'aux chevilles ?

Le gars nouille : Ben j'ai sauté la tête la première !

Autres thèmes
dans la collection

BLAGUES À L'ÉCOLE (3 livres)
BLAGUES EN FAMILLE (4 livres)
BLAGUES AU RESTO (1 livre)
BLAGUES AVEC LES AMIS (6 livres)
INTERROGATIVES (4 livres)
DEVINETTES (1 livre)
BLAGUES À PERSONNALISER (3 livres)
BLAGUES COURTES (2 livres)
BLAGUES CLASSIQUES (1 livre)
BLAGUES DE NOUILLES (2 livres)
BLAGUES DE GARS ET DE FILLES (2 livres)

**DES BLAGUES
DE GARS ET
DE FILLES**

Deux amis psychiatres causent ensemble :

– Comment vont les affaires ?

– Très bien. Imagines-toi que j'ai un cas formidable. C'est un cas de dédoublement de personnalité.

– Ce n'est pas si extraordinaire. J'en ai déjà vu moi-même.

– Peut-être, mais ce que tu ne sais pas, c'est que les deux personnalités me paient.

•

Un prêtre est en train de baptiser un bébé. Il se tourne vers la mère de l'enfant pour lui demander quel nom elle désire donner à son rejeton. Et la mère de répondre :

– Marie-Josée-Isabelle-Julie-Mélanie-Élisabeth-Lise Bouchard. Alors le prêtre se tourne du côté de son assistant et lui dit :

– Vite, cours chercher les pompiers. On va manquer d'eau !

•

Un enfant nigaud joue seul sur la plage, soudain il regarde en l'air et voit un goéland qui laisse tomber une roche directement au-dessus de lui.

– Une chance que j'avais la bouche ouverte sans ça, je la recevais directement sur le visage. De dire le petit nigaud!

•

Un Inuit attend son amoureuse sur la banquise. Le temps passe et elle n'arrive toujours pas. À bout de patience, il regarde son thermomètre et dit:

– Si elle n'est pas là à moins vingt, je m'en vais!

•

Au restaurant:

– Garçon, dit le client, je tiens à vous féliciter sincèrement pour la propreté de la cuisine.

– Mais comment pouvez-vous dire ça? L'avez-vous visitée?

– Non, mais je suis sûr qu'elle doit être très propre parce que mon repas a un fort goût de savon!

•

– Ouache! Je viens de trouver un petit ver dans ma salade!

– T'es chanceux!

– Pourquoi?

– Tu aurais pu trouver la moitié d'un ver dans ta salade!

•

Une antilope entre au restaurant en compagnie d'un superbe lion. Le serveur lui demande:

– Que prenez-vous?

– Donnez moi un grand bol d'eau et une assiette d'herbe.

– Et votre ami, que prendra-t-il?

– Mon ami n'a pas faim.

– Ah non?

– Écoutez, croyez-vous vraiment que je sortirais avec lui s'il avait faim.

•

Philippe : En allant se percher sur un fil électrique, un oiseau voit sur le pylône un panneau qui dit : « Attention ! Danger de verglas. Ne pas toucher aux fils » Que fait l'oiseau ?

Karine : Je ne sais pas.

Philippe : Il se perche sur le fil, car les oiseaux ne savent pas lire.

●

Au restaurant :

– Mais faites attention ! Vous venez de renverser de la soupe sur mon chandail !

– Ne vous en faites pas, madame ! Il en reste encore beaucoup dans la cuisine !

●

Nadia : Quelle étoile peut-on atteindre sans vaisseau spatial ?

Christophe : Je ne sais pas.

Nadia : L'étoile-ette. (Les toilettes)

●

Après une partie de poker qui a duré toute la nuit, un des joueurs doit plus de dix mille dollars à ses adversaires.

– Je refuse de payer, dit-il avec énergie.

– Mais pourquoi?

– Quelqu'un a triché.

– Ah oui? Qui?

– Moi...

•

Le policier: Monsieur, vous venez de passer sur un stop.

L'homme: J'espère que je ne l'ai pas brisé!

Le policier: Hé le comique! Vous êtes mieux d'arrêter vos farces plates sinon je vous donne une amende.

L'homme: Hum, je n'aime pas tellement les amandes. Mais je prendrais bien des arachides!

•

Le patron : Je vous engage, vous commencez ce soir, dans une heure.

Le gardien de nuit : Je suis très heureux !

Le patron : Est-ce que je peux vous offrir un café ?

Le gardien de nuit : Non merci, ça m'empêche de dormir !...

•

Deux amis marchent dans les bois quand tout à coup un ours sors et se braque devant eux. Les hommes paniquent et un des deux jette son sac à dos par terre, enlève ses souliers de marche en vitesse et sort ses souliers de course. Il tente frénétiquement d'attacher ses lacets quand l'autre lui dit :

– Veux-tu bien me dire ce que tu fais ? Tu ne crois quand même pas être capable de battre un ours à la course ?

– J'ai pas besoin de battre l'ours, j'ai juste besoin de te battre toi !

•

Deux pêcheurs discutent :

– C'est un lac sensationnel pour la truite !

– Je comprends ! Ça fait cinq jours que je pêche et pas une truite ne veut le quitter !

•

Qu'est-ce que ça fait un homme debout sur un banc ?

Ça fait un homme de moins sur la terre !

•

Dans le métro, un homme lit son journal. Chaque fois qu'il finit une page, il la déchire, en fait une petit boulette et la jette par terre.

– Pourquoi vous faites ça ? lui demande Maude.

– C'est pour éloigner les crocodiles.

– Mais il n'y a pas de crocodile ici !

– Ça prouve que c'est efficace, hein ?

•

Le juge : C'est la cinquième fois que vous vous retrouvez devant moi à la cour ! Je vous avais pourtant dit que je ne voulais plus jamais vous revoir ici !

Le bandit : Je le sais, monsieur le juge. Et je l'ai dit au policier qui m'a arrêté, mais il n'a pas voulu me croire !

●

Le client :

– Vous devriez me prendre moins chers pour me couper les cheveux, j'en ai si peu ! Le coiffeur :

– Oh non ! dans votre cas, ce n'est pas la coupe des cheveux que nous faisons payer, c'est le temps perdu à les chercher.

●

C'est un jeune cadre dynamique qui s'apprête à quitter son bureau vers les 20 heures, lorsqu'il croise le directeur général de sa boite en face du broyeur de documents, une feuille de papier à la main. . .

– Ah jeune homme! Vous allez pouvoir m'aider avant de partir: Ceci (en montrant son papier) est très important et ma secrétaire vient de partir; sauriez-vous faire fonctionner cette machine?

– Certainement Monsieu. Et il branche la prise, insère le papier dans la fente et celui-ci est aussitôt broyé.

– Je vous remercie. Une copie suffira.

•

Une dame à son psychiatre:

– Docteur, mon mari croit que je suis folle parce que j'aime les crêpes!

– Mon Dieu, madame, je ne vois rien de maladif dans ce goût.

– Moi aussi j'aime beaucoup les crêpes!

Alors, la dame épanouie:

– Vraiment? Alors, venez chez moi, j'en ai plein les armoires, les tiroirs et les placards!

•

– Tu ressembles à ma femme.

– Pas possible !

– Oui, à part la moustache.

– Mais je n'ai pas de moustache.

– Toi, non. Mais elle, oui !

•

Ça fait plus d'une demi-heure qu'une dame essaie des chaussures au magasin.

– Ah ! enfin, voilà des souliers qui me font parfaitement bien !

– Évidemment, madame, ce sont les souliers que vous aviez dans les pieds en entrant ici !

•

– Moi, je suis un passionné d'histoire ! dit Simon à son amie Martine. Tu peux me poser des questions !

– D'accord ! Sais-tu ce qu'a fait Christophe Colomb après avoir mis un pied en Amérique ?

– Il a mis l'autre pied !

– Ha ! Ha ! Et ça, dit Martine en

montrant un minuscule bout de bois, tu
sais ce que c'est?

— Heu...non.

— C'est le cure-dents de Jacques-
Cartier!

•

La patiente: J'ai beaucoup de difficulté à prendre des décisions.

Le médecin: Est-ce que ça vous
arrive souvent?

La patiente: Oui et non!

•

L'invitée demande à la maîtresse
de maison:

— Je ne comprends pas pourquoi vous
avez mis une bâche sur l'aquarium!
Nous ne pouvons plus voir vos si jolis
poissons!

— Ça ne fait rien! L'essentiel, c'est
qu'ils ne s'aperçoivent pas qu'il y a une
friture d'anchois pour dîner. Ils sont
tellement susceptibles!

•

Deux amis discutent :

– Comment as-tu eu l'idée de commencer une collection de boomerangs ?

– C'est simple. Chaque fois que j'en ai reçu un, j'ai été incapable de me débarrasser de l'ancien.

•

Dans une grande ville, un passant demande à un autre :

– Combien de temps me faut-il encore pour arriver à la Poste ?

– Continuez votre chemin ! répond l'homme interrogé.

– Eh bien, s'écrit le premier, vous n'êtes pas aimables, dans ce pays. Il se remet à marcher sur le trottoir. A peine a-t-il fait dix mètres que l'autre l'appelle :

– Hé, monsieur ! Excusez-moi mais il fallait d'abord, que je constate à quelle allure vous marchiez. De ce pas-là, ça vous fera 15 minutes.

•

C'est trois vampires qui s'en vont dans un bar pour vampire, le premier vampire commande un grand verre de sang chaud, le deuxième commande un grand verre de sang frais et le troisième commande un grand verre d'eau chaude, les deux premiers vampires regardent le troisième avec étonnement et lui demandent pourquoi il prend un verre d'eau chaude.

Alors le troisième vampire répond : Ben j'ai trouver un vieux bandage, je vais me faire une tisane !

•

Gabriel : As-tu déjà vu un chat manger une souris ?

Jade : Non.

Gabriel : Il commence toujours par la tête. Sais-tu pourquoi ?

Jade : Non.

Gabriel : Il garde la queue pour se faire un cure-dents !

•

Un jeune garçon et une jeune fille, sur le point de se marier, meurent tous les deux dans un accident de voiture. Arrivés au paradis, ils demandent à St-Pierre si c'est possible de se marier.

St-Pierre réfléchit et dit :

– Ca peut se faire, mais vous devrez attendre un certain temps. Une centaine d'années plus tard, un prêtre va les voir et propose de les marier. Ils acceptent avec joie. Les années passent, et les choses ne vont plus aussi bien entre eux.

Ils retournent donc voir St-Pierre et demandent :

– Excusez-nous, St-Pierre, nous avons pensé à tort que nous serions heureux pour l'éternité. Est-il possible de divorcer ?

St-Pierre répond aussitôt :

– Vous voulez rire ? Ça m'a pris cent ans pour vous trouver un prêtre ici au paradis, comment voulez-vous que je vous trouves un avocat, il n'y en a jamais un qui est entré ici !

•

– L'autre jour, un éléphant a marché sur mes pieds et je n'ai même pas eu mal!

– Comment ça?

– J'avais des chaussures trop grandes pour moi!

•

Une compagnie d'électricité, cherche des artisans, pour installer des poteaux de téléphones. Trois se présentent, dont un newfie. Ils leurs font faire un essai, et leur donne 25 poteaux chacun à installer en dix heures. Le premier artisan en installe 24. Le second 25. Quand à l'artisan newfie, lui il en installe 4. La compagnie trouve étrange que l'un des trois artisans n'ait installé que quatre poteaux et demande au newfie comment cela a bien pu se faire. Le newfie répond que les autres ont triché, car il ne les ont pas planté jusqu'au bout.

•

Un homme, l'air affolé, entre chez lui en courant et dit à sa femme :

— Chérie ! C'est épouvantable, chaque fois que je dis « abracadabra », tout le monde disparaît ! Chérie ! Chérie ! Où es-tu passée ?...

•

Un maître nageur interpelle un nageur :

— Hé ! vous là-bas, je vous ai vu, vous avez pissé dans la piscine !

— Mais, tout le monde pisse dans la piscine !

— Oui ! mais pas du plongeoir !!!

•

Deux chasseurs discutent :

— Je suis bien meilleur que toi.

— Je ne te crois pas.

— Je te gage que tu n'es même pas capable de chasser un chevreuil.

— Eh bien, je vais te prouver que je suis capable.

Et, il part dans les bois. Au bout

d'une semaine, il revient voir son copain.

— Tu avais raison...tu es meilleur que moi.

— Ah! ah! Alors? Tu n'as pas réussi à chasser un chevreuil?

— Eh non...j'ai attrapé douze marmottes, six orignaux, trois ours, sept perdrix et huit renards, mais pas un seul chevreuil.

•

Un enfant va à l'opéra pour la première fois écouter la « Tosca ». Très intéressé et curieux, il demande à son grand-père qui l'accompagne :

— Qui est le grand monsieur qui tourne le dos au public ?

— C'est le chef d'orchestre !

— Pourquoi menace-t-il avec son bâton, la dame qui est sur la scène.

— Il ne la menace pas !

— Ah bon! Alors pourquoi crie-t-elle ?

•

Un comédien va voir le directeur du théâtre.

— Monsieur, je n'ai plus un sou. Pourriez-vous me donner une petite avance?

— Mon cher, c'est impossible! Il va falloir attendre après la représentation de ce soir.

— Mais je ne peux plus attendre! J'ai une barbe de trois jours et je n'ai même pas de quoi me payer le barbier!

— Désolé, je ne peux rien faire pour vous.

— Mais je ne peux pas jouer Roméo et Juliette sans me raser!

— Oh! vous avez raison...Alors je change l'affiche. Ce soir vous jouerez Barbe-Bleue!

•

Trois hommes étaient assis sur un banc dans un parc public. Celui du centre lisait son journal. Les deux autres à ses côtés faisaient semblant de pêcher. Ils accrochaient un leurre imaginaire à leur ligne, exécutaient des lancers légers, ramenaient les poissons tout aussi sortis de leur imagination, relançaient leur ligne.

Un policier s'arrêta en voyant leur curieux manège. S'approchant, il demanda à celui qui lisait son journal s'il connaissait ses deux voisins.

Ce dernier admit qu'ils étaient ses amis.

– Dans ce cas, fit le policier, vous feriez mieux de les faire sortir du parc.

– Oui, chef! répondit l'homme qui se mit à ramer comme un forcené.

•

Deux vieux amis se rencontrent après plusieurs années sans s'être vus. Ils discutent sur une terrasse et dans la conversation, l'un dit à l'autre:

– Ta femme est-elle toujours aussi jolie? L'autre répond:

– Oh oui, ça lui prend juste un peu plus de temps!

•

Deux cannibales discutent après le repas.

– Hum ! C'était délicieux ! Il faut avouer que le chef a fait un excellent rôti !

– Oui ! Il va nous manquer !

•

– Savais-tu qu'on descend du singe ?

– Eh bien, toi peut-être. Mais certainement pas moi !

•

Un canard et une poule se promènent.

– Brrr ! fait la poule, il fait un froid de canard !

– Tu as raison, j'ai la chair de poule !

•

Le client : Ces chiens chauds ont l'air dégueulasse.

Le serveur : Je n'y peux rien, monsieur, je ne suis que garçon de table, pas vétérinaire.

•

Demandée : Dactylo pour copier des documents secrets. Ne doit pas savoir lire.

•

Deux mères parlent de leurs enfants :
— Moi, mon gars est comme une rivière.
— Qu'est-ce que tu veux dire ?
— Il suit son cours sans sortir de son lit.

•

Deux ennemis se croisent sur la rue :
— Oh ! C'est toi ! N'oublie surtout pas ce que je t'ai dit la semaine dernière.
— Quoi donc ?
— Si dans le passé j'ai pu dire quelque chose qui t'a insulté, surtout n'hésite pas à m'en parler. Je recommencerai avec plaisir !

•

C'est une fois un newfie et un menuisier. Ils vont réparer le toit d'une grange. Rendu en haut le newfie jette l'échelle en bas. Le menuisier dit :

– Tu es malade ! Comment on vas faire pour descendre ? Le newfie lui répond :

– Tu vas voir on descendras bien... Quelques heures plus tard quand le toit est fini d'être réparé, le menuisier voit le newfie en bas. Le menuisier lui dit :

– Comment t'as fait pour descendre ? Le newfie lui répond :

– Ben j'ai sauté dans le tas de fumier ! Le menuisier :

– Tu n'as pas calé ? Le newfie lui répond :

– Ben non, jusqu'aux chevilles. Le menuisier saute et il cale jusqu'à la bouche. Il lui demande :

– Comment ça se fait que toi t'as calé jusqu'aux chevilles ?

– Ben j'ai sauté la tête première, répond le newfie !

●

Docteur, c'est affreux! Mon petit vient d'avaler une souris vivante!

– Bon… dites à votre gamin d'ouvrir la bouche, et mettez-lui un bout de fromage devant, le fromage va attirer la souris… J'arrive de suite. Au bout d'un quart d'heure, le docteur arrive et voit le gosse la bouche ouverte, et la mère qui brandit une sardine juste devant le visage.

– Quoi?!!! Je vous avais dit du fromage, pas du poisson!

– Peut-être, fait la mère, mais maintenant c'est le chat qu'il faut faire sortir!

•

À l'aéroport, une très grande vedette est accueillie par des milliers de personnes. Elle demande aux policiers qui repoussent la foule:

– Pourquoi vous faites ça?

– C'est pour des raisons de sécurité.

– Sécurité? Je ne voulais pas leur faire mal!

•

Un aveugle, à qui l'on vient d'offrir une râpe à fromage, pleure :

— Je n'ai jamais lu un livre aussi triste.

•

Un vieil homme qui se baladait sur la plage se prend les pieds dans un truc métallique. En dégageant l'objet du sable et en le nettoyant, il se rend compte qu'il s'agit d'une lampe magique de laquelle sort évidemment un génie. Le génie lui demande s'il a un vœu qu'il aimerait voir exaucé. Le vieil homme lui dit :

— Plutôt que d'exaucer un vœu, est-ce qu'il est possible de lever une malédiction qui me frappe depuis quarante ans ?

— Oh oui, pas de problème, répond le génie. Mais il faut me donner la phrase exacte qui a mis le sort en place. Sans hésiter, le vieux répond :

— Je vous déclare maintenant mari et femme !

•

Chez le dentiste :

– Pensez-vous que ça va me faire mal ?

– Bof, peut-être un tout petit peu ! Le dentiste se prépare à opérer.

– Toi, dit-il au jeune garçon, ouvre la bouche.

– Et vous, dit-il tout bas à son assistante, donnez-moi mes bouchons pour les oreilles !

•

Une très grosse dame va visiter son médecin :

– Docteur, je voudrais bien perdre du poids.

– D'accord. Vous allez d'abord me dire quelles sont vos habitudes alimentaires.

– Oh ! Je ne mange pas beaucoup, je ne bois jamais d'alcool et je fais de l'exercice tous les jours.

– Avez-vous autre chose à ajouter ?

– Oui, je suis très menteuse.

•

Le juge : Monsieur Roberge, vous avez volé la bicyclette de madame Boucher. Je vous condamne donc à une semaine de prison.

L'accusé : Volé ! le mot n'est pas tout à fait exact. Disons que je l'ai empruntée pour longtemps...

Le juge : Ah bon, ma phrase à moi n'était pas non plus tout à fait exacte. Je vous condamne plutôt à sept jours de prison.

•

Le conducteur du camion à son compagnon de voyage :

– Regarde l'affiche, au dessus du tunnel « hauteur 3 mètres ».

– Ouais, j'ai vu ça...

– Notre camion a 4,1 mètres de haut. Qu'est-ce qu'on fait ?

– On passe quand même ! Il n'y a pas de policiers aux alentours !

•

La mère de Francis envoie un mandat-poste à son fils, lequel elle accompagne de ce petit mot :

Je t'envoie les 50$ que tu m'as demandés. Surveille bien tes fautes lorsque tu m'écris ; je te signale que 50 ne prend qu'un zéro !

•

Un malfaiteur a tenté de prendre en otage un autobus remplie de photo-graphes professionnels. La police a reçu 95 photos de suspect.

•

Deux copines discutent :

— Pourquoi ta nouvelle petite sœur pleure tout le temps ?

— Si tu n'avais pas de dents, presque pas de cheveux et si tes jambes étaient si fragiles que tu ne pouvais même pas te tenir debout, tu ne penses pas que tu pleurerais toi aussi ?

•

Alexandre : Ma voisine fait une grossesse nasale.

Louise : Mais qu'est-ce que c'est que ça ?

Alexandre : Elle attend un nouveau-nez !

•

Le gardien dit à un homme qu'il trouve en train de pêcher :

– Dites donc, vous n'avez pas vu l'écriteau « Terrain privé. Défense de pêcher ».

– Oh non ! Je ne lis jamais ce qui est privé !

•

Deux voleurs se rencontrent une nuit dans une même maison.

– Qu'est-ce que tu fais ici ? demande un des voleurs.

– Je suis venu voler des bijoux.

– Ah non ! J'espère que tu en as laissé un peu pour moi !

•

Un homme vient consulter son médecin. Celui-ci l'ausculte mais ne trouve rien d'anormal.

– Vous êtes sûr que vous êtes souffrant? demande le docteur.

– Oui, enfin, je… C'est que, je suis écrivain, et je…

– Où est le rapport?

– C'est bien simple, docteur, j'aimerais soigner mon style!

•

Un magicien se présente au patron d'un cirque:

– Monsieur, engagez-moi, je fais un numéro extraordinaire, jamais vu, une nouveauté incroyable!

– Ah oui! Quel est ce numéro si spécial?

– Je peux scier une personne en deux.

– Mais voyons! Tout le monde a déjà vu ça!

– Dans le sens de la longueur?

•

– Hé, Regarde ! Ton chien est en train de lire le journal !

– Non, non ! Il fait semblant. En réalité, il ne sait pas lire, il regarde juste les photos !

•

Une dame se présente au bureau de son assureur.

– Mon mari est mort. Je viens toucher le capital-décès !

– Mais Madame, votre mari ne s'était assuré que contre l'incendie !

– Justement, c'est pour cela que je l'ai fait incinérer...

•

Monsieur Laferme s'en va faire une promenade en forêt avec son ami monsieur Laguerre. Les deux copains se suivent dans un petit sentier. Soudain, monsieur Laferme se rend compte qu'il n'a pas entendu la voix de son ami depuis une demi-heure. Il se retourne, et s'aperçoit avec désespoir qu'il est

absolument seul. Il a perdu son ami.
Vite, il prend son téléphone cellulaire
et appelle le garde-chasse.

Celui-ci répond à l'appel du cellulaire :

– Allô ! Qui parle ?
– Laferme.
– Pardon ?
– Laferme.
– Je vous demande qui parle !
– Laferme.
– Dites donc, vous, cherchez-vous
la guerre ?
– Oui.

•

C'est une fois deux newfies qui sont
dans une cour d'hôpital psychiatrique
le premier dit à l'autre d'aller voir si il y
a une clôture pour se sauver. Au bout
de 30 minutes le gars reviens et dit : Il y
a pas de clôture, on ne peut pas se
sauver.

•

Une pauvre tortue s'est fait piquer la tête par une abeille.

— Mon Dieu! dit-elle, si ça continue à enfler, je vais devoir passer la nuit dehors!

•

Deux coureurs font du jogging sur la route. L'un demande à l'autre :

— Où vas-tu?

— Je ne sais pas. Et toi?

— Je ne le sais pas non plus.

— Alors, dépêchons-nous, on va arriver en retard!

•

Deux amis voyagent en train.

— Le conducteur est vraiment très fort, dit l'un d'eux.

— Pourquoi?

— Chaque fois qu'on approche d'un tunnel, il vise parfaitement bien et envoie le train en plein milieu du tunnel!

•

Quand on croise un pigeon voyageur avec un perroquet, on obtient un oiseau capable de demander son chemin en voyage!

•

Un autobus plein à craquer descend une pente à toute vitesse. Un homme court derrière en essayant de le rattraper. Un passager l'aperçoit et lui crie par la fenêtre:
— Pauvre monsieur! Vous n'y arriverez jamais! Attendez le prochain!
— Je ne peux pas, répond-il, essouf-flé, c'est moi le chauffeur!

•

— Est-ce que tu voudrais me donner ta photo?
— Ma photo, avec plaisir! Je suis flattée! Où vas-tu l'accrocher?
— Oh, je pensais la mettre dans le jardin pour faire peur aux oiseaux!

•

Ce sont deux atomes qui se rencontrent.

L'un dit à l'autre : « Merde, j'ai perdu un électron ! ».

L'autre : « T'es sûr ? ».

Et le premier répond : « POSITIVEMENT !! ».

•

Deux éducatrices de garderie sous-marine discutent :

– Ça t'a donc bien pris du temps !

– Ne m'en parle pas ! C'est moi qui ai été obligée de mettre les mitaines à la pieuvre !

•

– Mon médecin m'a dit de changer toute mon alimentation : finis la crème glacée, les croustilles, les gâteaux !

– Pauvre toi, qu'est-ce que tu vas faire ?

– Je vais changer de médecin !

•

Sur une route dangereuse de montagne, un automobiliste est arrêté par un motard :

— Méfiez-vous votre pare-chocs arrière est plié et touche presque par terre ! L'homme descend de sa voiture, regarde l'arrière et commence à pleurer à chaudes larmes.

— Allons, ce n'est pas grave, ne vous mettez pas dans des états pareils ! L'homme sanglote de plus belle :

— Ce n'est peut-être pas très grave pour vous, mais pour moi j'aimerais bien savoir où sont passé ma femme et mes enfants qui se trouvaient dans la caravane ?

•

Sur une tablette d'épicerie, un pain blanc demande à son voisin de tablette, qui est un pain brun :

— Mais, dis-moi, où as-tu passé tes vacances ?

•

Au restaurant :

– Garçon, pouvez-vous mettre mon repas sur ma carte de crédit ?

– Monsieur, je suis désolé, mais je ne pense pas qu'il y ait assez de place. ..

●

– L'autre jour, à l'aéroport, j'ai vu un pilote d'avion complètement soûl.

– Qu'est-ce qui te fait dire qu'il était soûl ?

– Il lançait des miettes de pain aux avions...

●

Une dame pour qui l'électricité n'a aucun secret se rend dans un magasin de bricolage et demande une prise de courant.

– Mâle ou femelle questionne le vendeur.

– Crétin, c'est pour une réparation, je ne vais pas faire de l'élevage !

●

Deux extraterrestres sont en mission sur la Terre. Ils se retrouvent sur un boulevard devant un feu clignotant et l'un des deux dit à son ami :

— Wow! As-tu vu la belle Terrienne qui vient de me faire un clin d'œil ?

•

Aimes-tu les suçons ?

— Non, pas tellement.

— Parfait, alors veux-tu tenir le mien pendant que j'attache mon soulier.

•

Un homme rencontre un vieux copain :

— Salut! Alors, es-tu toujours dans la marine ?

— Pas vraiment. Tu sais que je travaillais dans un sous-marin ?

— Oui.

— Eh bien, il a coulé!

— Comment ça ?

— C'est arrivé quand j'ai organisé une journée portes ouvertes...

•

Deux écossais avant la messe parient à celui qui mettra moins que l'autre à la quête. Arrive le moment ou la brave bigote avance son panier. Le premier met une pièce de 1¢. Le deuxième s'avance et dit : C'est pour nous deux.

●

Viva et Vivo font une croisière du côté du Pôle Nord ; Viva tombe à l'eau, que lui arrive-t-il ?
— Viva gèle, bien sûr.

●

Dans la jungle, deux amis voient arriver un lion. Un des deux monte aussitôt dans un arbre. Son copain prend son fusil et vise le lion en tremblant.
— J'espère que je vais réussir à l'atteindre, dit-il en tremblant toujours.
— Pas grave ! lui dit son ami dans l'arbre. De toute façon, si tu le manques, il y en a un autre juste derrière toi !

●

Monsieur Pieuvre dit à madame Pieuvre en regardant leur fille sortir de la maison avec son nouvel amoureux : Regarde comme ils sont beaux quand ils s'en vont main dans la main, main dans la main, main dans la main, main dans la main...

•

Hier soir, j'ai mangé neuf sacs de croustilles.
– Neuf ? Mais pourquoi pas dix ?
– Me prends-tu pour un cochon ?

•

Une petite fourmi rencontre une grosse fourmi et lui dit :
– Vous savez, vous êtes formidouble !

•

La prof : Quel est le futur de voler ?
L'élève : Aller en prison.

•

Isabelle : Veux-tu voir quelque chose de drôle?

Mireille : Oui!

Isabelle : Va regarder dans le miroir!

•

Un homme prend le taxi. Arrivé à destination, le chauffeur lui demande :

— 12 dollars, s'il vous plaît. Le client lui donne six dollars.

— Mais monsieur, je vous ai dit 12 dollars!

— Ben oui, je sais. Mais vous avez fait le chemin avec moi, non? Alors, payez votre moitié!

•

L'histoire se passe au pays des esquimaux. L'un d'eux est suspecté d'avoir commis un meurtre. En ce moment même, il est interrogé dans le commissariat central.

Le policier : Alors que faisiez vous dans la nuit du 23 septembre au 21 mars?

•

Victoria : Qu'est-ce qu'un paon ?

Julien : Je ne sais pas.

Victoria : C'est un oiseau qui a un arbre de Noël dans le dos !

•

Lu ce conseil dans un grand magasin, au rayon « pêche ». « Si vous n'avez pas la patience d'attendre une dizaine de minutes la venue d'un vendeur, surtout renoncez à la pêche à la ligne, car là il vous faudra attendre plusieurs heures pour attraper un poisson ».

•

Un jeune homme amoureux entre dans une boucherie et demande au boucher qui est très occupé :

— Monsieur, je viens pour vous demander la main de votre fille.

— Ah bon ! Avec ou sans os ? De demander le boucher distrait.

•

Une affiche vue à l'extérieur d'un planétarium : DES MILLIARDS DE FIGU-RANTS, TOUS DES ÉTOILES.

●

Un voleur est poursuivi par des policiers sur le toit d'un immeuble de quinze étages. Soudain il glisse et tombe dans le vide et se met à hurler :

— Je suis un voleur, arrêtez-moi !

●

Un gendarme arrête un automo-biliste et lui demande de souffler dans l'alcootest.

— Jamais ! proteste le conducteur, outré, je n'ai aucune raison de souffler là-dedans !

— Alors !, dit le gendarme, je vais compter jusqu'à trois, et si à trois vous n'avez toujours pas obtempéré, je le ferai à votre place et là croyez moi, vous allez perdre au moins cinq points.

●

Deux fantômes discutent :

– J'ai entendu dire que tu t'es fait prendre en train de voler dans un magasin de meubles !

– Oui, et depuis ce temps-là, je suis dans de beaux draps !

•

Un monsieur trouve un pingouin dans la rue. Il arrête un policier qui passait par là et lui demande ce qu'il doit faire.

– Amenez-le au zoo.

– D'accord, monsieur l'agent. Le soir même, le policier est très surpris de croiser le même monsieur qui se promène avec le pingouin.

– Mais que faites-vous là ? Je vous avais pourtant dit, monsieur, d'amener le pingouin au zoo.

– C'est ce que j'ai fait, et je crois que ça lui a beaucoup plu. Alors ce soir j'ai décidé de l'amener au cinéma.

•

Un client s'étonne auprès de son coiffeur :

— Vous me proposez votre produit miraculeux pour faire repousser les cheveux, mais alors, pourquoi, vous-mêmes, êtes-vous chauve comme un œuf ?

— C'est que, dit le coiffeur, sans se démonter, j'utilise les lotions de mes concurrents pour prouver combien elles sont inefficaces.

•

Un monsieur assis dans un parc arrête un petit garçon qui passait par là.

— Excuse-moi, mon petit, quelle heure est-il ?

— Je ne sais pas.

— Euh... y a-t-il une horloge dans ce parc ?

— Je ne sais pas.

— Sais-tu à quelle heure a lieu le concert cet après-midi ?

— Je ne sais pas.

— Est-ce qu'il y a un gardien dans ce parc qui pourrait répondre à mes questions ?

— Je ne sais pas.

— Mais dis donc, toi, y a-t-il des choses que tu sais ?

— Oui, je sais que vous êtes assis sur un banc qui vient juste d'être peint !

•

Joanie : Hier, je suis allée faire un tour sur le mont Royal. Il y avait un petit écureuil qui n'arrêtait pas de me suivre !

Benoît : C'est sûrement parce que tu as de beaux yeux couleur noisette !

•

La maman offre à son petit un boomerang tout neuf. Et naturellement, il essais de jeter le vieux. Il essaie une fois, deux fois, trois fois. Il essaie encore et... Il essaie toujours.

•

Un peintre est en train de peindre un banc public dans un parc. Soudain, un clochard arrive et lui demande :

– Pardon, monsieur, pensez-vous que le banc sera sec vers sept heures ce soir ?

– Sans doute, de répondre le peintre. Mais pourquoi me posez-vous une telle question ?

– C'est parce que je suis fatigué et je voudrais me coucher tôt ce soir !

●

– Il me semble que j'ai déjà vu ton visage ailleurs.

– C'est peu probable, il a toujours été accroché en haut de mon cou !

●

– Wow ! T'es ben chanceux ! T'as ta télévision et ton Super Nintendo dans ta chambre !

– Oui !

– Est-ce que tu joues beaucoup ?

– Tous les jours !

– Tu dois être pas mal bon!

– Bof! Un jour ça va super bien, le lendemain, je suis pourri…

– T'as juste à jouer tous les deux jours!

•

Le client : Je perds mes cheveux à une vitesse folle. Il en tombe une grosse poignée chaque jour. Vous n'auriez pas un bon truc pour les garder?

Le coiffeur : Oui, tenez, une belle boîte vide!

•

Deux oiseaux voient passer une fusée.

– Oh la la! Tu as vu comme il va vite, ce drôle d'oiseau-là? Il est complètement fou!

– Peut-être que tu irais aussi vite si tu avais le derrière en feu comme lui!

•

Juste avant qu'il ne parte pour la Baie James, une femme dit à son mari :

— Surtout, chéri, n'oublie pas de m'écrire sans faute !

— Sans faute ! Mais voyons, tu sais bien que je ne suis pas très fort en orthographe.

•

Yannick et sa sœur s'en vont glisser en traîneau. Leur mère prévient Yannick qu'il devra partager le traîneau avec sa petite sœur.

— Ne t'inquiète pas, maman, j'y ai pensé. Moi je le prendrai pour descendre, et elle, elle le prendra pour monter.

•

Un homme aux jambes croches rencontre un bon matin son copain aux yeux croches. Celui-ci lui demande :

— Comment ça marche ?

— Comme tu vois !

•

Un gars arrive au ciel. St-Pierre lui demande qu'est-ce qui est arrivé. L'homme raconte alors l'histoire de la tragédie.

– J'étais en voyage en train de traverser un pont suspendu au-dessus d'une rivière infestée d'alligators. Soudain, le pont a cédé. Heureusement, tout le monde a réussi à s'agripper à la rampe. Cependant, nous étions trop nombreux et la rampe menaçait de céder à son tour. Le guide nous a dit alors que quelqu'un devrait se sacrifier et sauter pour libérer du poids un peu et ainsi sauver les autres de la tragédie. Alors un homme s'est laissé tomber dans la rivière.

– D'accord répond St-Pierre, mais que faites-vous ici si ce n'est pas vous qui s'est sacrifié ?

– Ah ça c'est parce que le guide nous a dit qu'un homme aussi courageux méritait une bonne main d'applaudissement...

•

C'est un client dans un restaurant qui appelle le garçon :

— Ah, non ! Garçon, remportez-moi cette langue de veau. Je n'aime pas ce qui sort de la bouche, C'est sale ! Tenez… Donnez-moi plutôt un Oeuf.

•

Deux chiens se rencontrent sur un coin de rue à Tokyo. L'un dit à l'autre :

— Jappons !

•

Deux vieux copains d'école discutent.

— Comment gagnes-tu ta vie ?

— J'écris.

— Tu écris quoi ? Des romans, des articles dans un journal, des télé-séries ?

— Non, j'écris des lettres.

— Et tu gagnes ta vie ainsi ?

— Oui, j'écris à mes parents pour qu'ils m'envoient de l'argent !

•

Christophe Colomb croyant découvrir les Indes, il appela les habitants : Les indiens. Heureusement qu'il n'a pas découvert la Crête, car nous nous appellerions les crétins !!!

●

– Pourquoi les joueurs de l'équipe de baseball du Japon n'ont pas réagi quand l'arbitre a dit : «La partie est remise à demain» ?

– Je ne sais pas.

– Parce qu'ils ne parlent pas français !

●

Deux copains discutent.

– Moi, quand je serai grand, je vais ouvrir un bar dans le désert.

– Mais tu es fou ! Tu n'auras pas un seul client dans le désert !

– Peut-être. Mais si jamais il y en a un, tu imagines la soif qu'il aura !

●

Deux chauffeurs de bus discutent.

– Tu sais que notre collègue a été licencié ?

– Vraiment ? J'en suis désolé, et pour qu'elle raison ?

– Eh bien, il est entré dans le bureau du patron sans frapper…

– Rien que pour ça, c'est un peu excessif comme cas de licenciement tu ne trouves pas ?

– Oui, mais…c'est qu'il est entré avec le bus.

●

– Pourquoi as-tu regardé par-dessus la clôture du voisin ?

– Ben, parce que je ne pouvais pas regarder au travers !

●

Deux copains discutent dans la cour de récréation.

– Combien as-tu de frère ?

– J'en ai un.

– Tu es sûr de ça ?

– Mais oui, franchement.

– C'est parce que j'ai posé la même question à ta sœur ce matin, et elle a répondu « deux ».

•

Deux copains conversent.

– Ma mère ne se sent pas très bien. As-tu une idée pour la soigner ?

– Tu pourrais peut-être lui donner de la mèrmelade ! (mère malade)

•

Monsieur Chose : Pour faire changement du homard, je suis allé pêcher à la truite. J'en ai attrapé une qui mesurait bien 40 cm de long !

Monsieur Untel : Oui, oui... Est-ce que des gens l'ont vue, la fameuse truite ?

Monsieur Chose : Oui, il y avait des témoins ! Sinon, tu peux être sûr qu'elle aurait mesuré au moins 10 cm de plus !

•

Au cours du souper, une mère demande à son enfant :

– Mon petit, est-ce que tu veux encore de la farce ?

– Non maman ! Je déteste la farce ! Je me demande bien comment a fait la dinde pour en manger autant !

•

Un employé à son patron.

– Monsieur, mon salaire n'est pas en rapport avec mes capacités !

– Oui, mais nous ne pouvons tout de même pas vous laisser mourir de faim !

•

Le grand patron fait le tour de son usine. Près d'une porte, il aperçoit un homme, assis, en train de lire le journal.

– Quel est votre salaire au juste ?

– Je fais trois cents dollars par semaine. Le patron sort son portefeuille.

– Voici trois cents dollars, dit le patron, fâché. Vous allez prendre la porte et je ne veux plus jamais vous voir dans cette usine.

– Bon, bon, d'accord...Le grand patron demande au contremaître :

– Comment se fait-il qu'on engage des gens aussi paresseux dans mon usine ?

– Mais cet homme ne fait pas partie de notre personnel. C'est le livreur qui nous apporte notre dîner !

•

– Je suis allée voir l'exposition où l'on présentait des photos.

– Ah oui ?

– Les tiennes sont les seules que j'ai regardées !

– Oh, je te remercie beaucoup !

– Oui, il y avait toujours du monde devant les autres...

•

Deux chasseurs de lions se promènent dans la brousse africaine. Tout à coup, l'un deux s'enfonce dans une trappe de sable mouvant. Affolé, son compagnon court au village le plus proche.

– Au secours! Aidez-moi! Mon ami est tombé dans le sable mouvant.

– Mais calmez-vous! lui dit un habitant du village. D'abord, quand vous l'avez quitté, jusqu'où était-il enfoncé?

– Jusqu'aux chevilles.

– Bon, vous voyez qu'on a encore le temps! Ça ne sert à rien de s'énerver!

– Oui, mais il est tombé la tête la première!

•

Docteur, il y a l'homme invisible dans votre salle d'attente.

– Soyez gentille mademoiselle, dites-lui que je ne peux pas le voir maintenant.

•

Josée : Que mange un monstre après s'être fait faire un plombage ?

Andrew : De la pizza ?

Josée : Non, le dentiste.

•

Deux très vieux messieurs se retrouvent après des années.

– Robert ! Quelle joie de te revoir ! je croyais bien être le seul survivant dû Bataillons ! Comment as-tu fait pour échapper au carnage ?

– Un coup de chance ! Le capitaine a crié : « tous à la baïonnette ». Et moi j'ai compris : « tous à la camionnette ! »

•

Très inquiet, un homme va consulter un ophtalmo :

– Docteur, chaque fois que je bois un café, j'ai une douleur intense à l'œil gauche.

– Ce n'est rien… Pensez seulement à enlever la petite cuillère !

•

Dialogue entre deux amis.

– Tu sais, j'ai vingt ans de mariage et pourtant c'est toujours la même femme que j'aime!

– Ah! quelle chance tu as! C'est beau la fidélité!

– Oui. Mais garde ça pour toi. Si jamais quelqu'un l'apprend à ma femme ça va être ma fête!

•

Chez le médecin.

– Que puis-je faire pour vous?

– Oh, docteur, ça va mal!

– Quel est votre problème?

– Depuis quelque temps, je me sens toujours épuisé, j'ai mal au ventre, à la tête!

– Y a-t-il autre chose?

– Oui, c'est même rendu que j'ai de la difficulté à mettre un pied devant l'autre!

– Pauvre vous! Vous auriez dû venir en voiture!

•

La femme, au magasin : Je voudrais avoir un joli stylo bleu.

Le vendeur : Certainement, madame. C'est une surprise pour votre mari ?

La femme : Je comprends que c'est une surprise ! Il croit que je vais lui offrir un ordinateur.

•

– Mon chien est tellement intelligent ! Je suis sûre qu'il a un cerveau plus gros que la normale !

– Ah bon ! Un de vous deux a donc un cerveau !

•

Quand tu fais de la chute libre, tant que tu vois les vaches comme des fourmis, il n'y a pas de danger. Quand tu commences à voir les vaches comme des vaches, il est temps d'ouvrir ton parachute... Et quand tu vois les fourmis comme des vaches... Il est trop tard !

•

— Mais qu'est-ce que tu as à pleurer comme ça?

— C'est parce que snif... snif...

— Quoi?

— Ma sœur... snif!

— Qu'est-ce qu'elle a, ta sœur?

— Elle a des vacances, snif et moi je n'en ai même pas. Pauvre toi, ce n'est vraiment pas juste. Pourquoi tu n'as pas de vacances?

— Je ne vais pas encore à l'école.

●

Marius raconte sa chasse au lion à Olive.

— Je suis dans la clairière, je vois le lion, j'épaule, je tire, et je le rate! alors le lion me voit, et il me court après.

— Oh, et il te rattrape et il te bouffe?

— Mais non! je cours, je cours, je vois un arbre et je monte à l'arbre, et le lion, il grimpe aussi.

— Oh, et il te rattrape et il te bouffe?

— Attend, je monte tout en haut de l'arbre, mais le lion, il monte aussi...

– Oh, et il te rattrape et il te bouffe ?

– Mais attend je te dis, il y a une grosse branche, je rampe sur la branche pour m'éloigner du tronc, mais le lion, il rampe aussi...

– Oh, et il te rattrape et il te bouffe ?

– Oh mais dit, Olive, tu es pour moi ou tu es pour le lion ?

•

– Sais-tu qu'à nous deux, on pourrait faire un dictionnaire !

– Ah oui, tu crois ?

– Absolument, avec mon intelligence et ton épaisseur.

•

Monsieur Leblanc est au guichet de la salle de spectacles pour acheter un billet de concert.

– Ce sera vingt dollars, monsieur, lui dit la caissière.

– Alors je vous donne dix dollars, car j'entends juste d'une oreille.

•

Le commis d'hôtel : Monsieur, pourriez-vous enlever la boue de vos chaussures avant d'entrer dans votre chambre ?

Le vagabond : Quelles chaussures ?

●

Françoise est en auto sur l'autoroute avec son père. Le conducteur devant eux roule comme une vraie tortue ! Son père s'impatiente et s'écrie :

– NON MAIS QUEL IMBÉCILE ! IL SE CROIT SEUL SUR LA ROUTE OU QUOI ?

– Mais papa, tu n'as qu'à changer de voie ! Le père murmure alors :

– Non mais quel imbécile ! Il se croit seul sur la route ou quoi ?

●

Deux homme discutent :

– Hier soir, un seul verre de bière m'a rendu complètement soûl !

– Ce n'est pas possible ! Un seul ?

– Oui, le huitième !

●

Un homme revient au même guichet de cinéma pour la quatrième fois. La caissière est vraiment très étonnée et lui demande ce qui se passe.

– C'est parce qu'à chaque fois que j'entre et que je passe devant le portier, cet idiot déchire mon billet, répond-il.

·

Un jour un curé se met en colère devant ses ouailles très surprises. Il commence son sermon en disant :

– Mes enfants, nous nous réunissons ici depuis plusieurs jours pour prier le bon Dieu de nous envoyer de la pluie.

– Mais comment voulez-vous, homme et femmes de peu de foi que notre seigneur nous exauce ! Pas un seul d'entre vous n'a apporté de parapluie !

·

– J'ai connu mon amoureux grâce à la poste.

– Tu veux dire que c'est un garçon avec qui tu correspondais?

– Non, je veux dire que c'est le facteur.

•

– Je commence à en avoir assez.

– De quoi?

– De parler en dormant.

– Mais c'est naturel, tout le monde fait ça un jour ou l'autre.

– Ouais, mais pas en pleine classe.

•

Deux vieilles connaissances se rencontrent.

– Cette nuit, je n'ai pas pu dormir à cause d'une rage de dents. Est-ce que ça t'arrive à toi?

– Jamais. Mes dents et moi ne dormons pas ensemble.

•

Un newfie voulait distraire un ami aveugle. Il l'a amené dans un cabaret de strip-tease pour qu'il écoute la musique!

•

Simon : Je suis allé en vacances à la montagne cet été.

Nicole : Moi aussi!

Simon : L'écho était fantastique! Quand je criais une phrase, il la répétait au complet!

Nicole : Ce n'est rien, ça! Là où je suis allée, quand je criais une question, l'écho me répondait!

•

Deux ennemis jurés sont en pleine bagarre.

— Toi, mon espèce de patate, attends donc que je te montre de quel bois je me chauffe!

— Ce ne sera pas nécessaire, chez nous on chauffe à l'électricité!

•

Je te donne de l'argent pour t'acheter un nouveau nez.

– Pourquoi ?

– Parce que le tien a des trous !

●

Sur un chantier, un ouvrier tombe du cinquième étage, et se retrouve allongé dans la rue. Un attroupement se forme, et la police arrive sur le lieu de l'accident.

– Qu'est-ce qui se passe ? Alors, l'ouvrier qui gît au sol entrouvre les yeux et murmure d'une voix faible.

– Je n'en sais rien. J'arrive !

●

C'est l'équipe de foot qui part jouer en Afrique. Dans l'avion le commandant de bord n'arrête pas de sentir l'avion bouger dans tout les sens, il appelle l'hôtesse.

– Qu'est-ce qui se passe derrière ?

– Oh rien ! C'est l'équipe qui s'entraîne...

– Faites ce que vous voulez, il faut que ça s'arrête... L'hôtesse s'en va... au bout de cinq minutes de calme le commandant rappelle l'hôtesse.

– Que leur avez-vous dit pour obtenir le calme si rapidement?

– Je leur ai dit d'aller jouer dehors...

•

Une vieille dame est assise juste en face d'un jeune garçon qui mâche consciencieusement son chewing-gum. La vieille dame se penche soudain vers lui.

– C'est très gentil à vous de me faire la conversation... Mais je suis sourde!

•

Natacha: Mon nouvel amoureux est merveilleux! Il a les yeux de Roch Voisine, les cheveux de Richard Séguin, la bouche de Roy Dupuis et, quelquefois, la voiture de son père!

•

Deux citrons discutent.
– Tu es bien jaune !
– Es-tu sûr ?

•

Un pâtissier dont le chiffre d'affaire s'abaissait dangereusement, pose l'enseigne suivante à la porte de son commerce : Ici, le meilleur pâtissier de Montréal. Le lendemain, un concurrent situé sur la même rue, décide de poser lui aussi une enseigne qui dit : Ici, le meilleur pâtissier du Monde. La semaine suivante, après avoir longuement réfléchit, un concurrent affiche sur la porte de son commerce : Ici, le meilleur pâtissier de la rue !

•

Un hélicoptère de l'armée canadienne c'est écrasé dans un cimetière de la ville de Toronto. Jusqu'à maintenant, ils ont retrouvé cinq cent corps.

•

Un médecin fait un voyage de tourisme en Palestine. Sur le bord du Lac Tibériade, il y a un bateau-passeur qui fait la navette d'un côté à l'autre du lac pour le plaisir des touristes. Le médecin décide donc d'emprunter ce moyen de transport. Il se présente donc pour payer.

– Ça fera cinquante dollars, monsieur.

– Cinquante dollars pour traverser ce lac en quinze minutes! C'est du vrai vol!!!

– Oui mais Monsieur, vous connaissez la Bible n'est-ce pas? C'est ici que Jésus a marché sur les eaux!

– Je le comprend, au prix que vous chargez!!!

•

Le prof: Qui peut me dire pourquoi les bélugas sont en voies d'extinction?

Thomas: Parce qu'il n'y a pas de bélufilles.

•

Le chien : Je suis tellement content de ne pas être un oiseau !

Le chat : Mais pourquoi ?

Le chien : Parce que je pourrais me faire très mal !

Le chat : Comment ça ?

Le chien : Parce que je ne sais pas voler !

•

Chez le dentiste :

– Je vais devoir te geler un peu.

– Qu'est-ce que ça fait au juste ?

– C'est un peu comme si j'endormais tes dents pour un moment.

– Ah bon, d'accord. Mais vous me promettez qu'elles vont se réveiller pour souper ?

•

– Ma voisine est tellement maigre que quand elle boit du jus de tomate, on l'appelle le thermomètre !

•

– Sais-tu qu'il est arrivé un drame chez mon grand-père ?

– Non, quoi ?

– La semaine dernière, il y a eu un gros orage et tous ses moutons sont morts !

– Quoi ! Ils ont été frappés par la foudre ?

– Non, pas tout à fait… Ils sont morts étouffés quand la laine a rétréci après la pluie…

•

Une maman et ses douze enfants arrivent au zoo trop tard pour voir la girafe qui est déjà rentrée. Elle insiste auprès du gardien :

– Je suis pourtant venue spéciale-ment pour la montrer à mes douze enfants…

– Ils sont à vous, tous ? Alors c'est différent. Je vais aller la chercher. Il faut absolument qu'elle voit ça !

•

Le médecin dit à son patient :

— Vous êtes vraiment nerveux, trop tendu, trop stressé... Il ne faut pas vous coucher avec vos soucis.

— J'aimerais bien suivre votre conseil, docteur, mais ma femme me tuerait si je lui demandais de dormir ailleurs !

●

Sabrina : Sais-tu pourquoi le corbeau croasse ?

Denis : Non.

Sabrina : Parce qu'il n'a rien à dire !

●

Deux serpents discutent dans le désert :

— Pauvre toi, ça n'a vraiment pas l'air d'aller ce matin !

— Bof... je suis rentré très tard hier soir et j'ai la gueule de boa... (gueule de bois)

Autres thèmes
dans la collection